川上敬二郎
Keijiro Kawakami

なぜかいじめに巻き込まれる子どもたち

ポプラ新書
250

「いじめはね　やめるじゃなくて　はじめない」

大口西小学校4年生

第8回「いじめ防止標語コンテスト」愛知県・小学生の部・全国賞

はじめに

やってはいるが、うまくいっていない。それが日本のいじめ対策の現状だ。だから、なぜかいじめに巻き込まれる子どもたちが増えている。一体なぜなのか。

今秋（2023年10月）発表された文部科学省の最新の数字を見よう（「児童生徒の問題行動・不登校等生徒指導上の諸問題に関する調査」より。※以下「問題行動調査」）。年間923件。2022年度の「いじめ重大事態」の件数だ。過去最多を更新した。重大事態とは、子どもの生命や心身・財産に重大な被害が生じたり、長期の欠席を余儀なくされたりした疑いのあるケースを指す。

声を大にして言いたい。日本では年間を通じて、ほぼ毎日、1日に約2・5件のペースで、いじめの重大事態が新たに発覚している。実態はもっと多い可能性さえあるが、発覚しただけでも5年前の2倍ほどになり、増加傾向にある。

図1　2022年度いじめ重大事態の発生件数
（2022年度〈令和4年度〉「文部科学省・問題行動調査」をもとに作成）

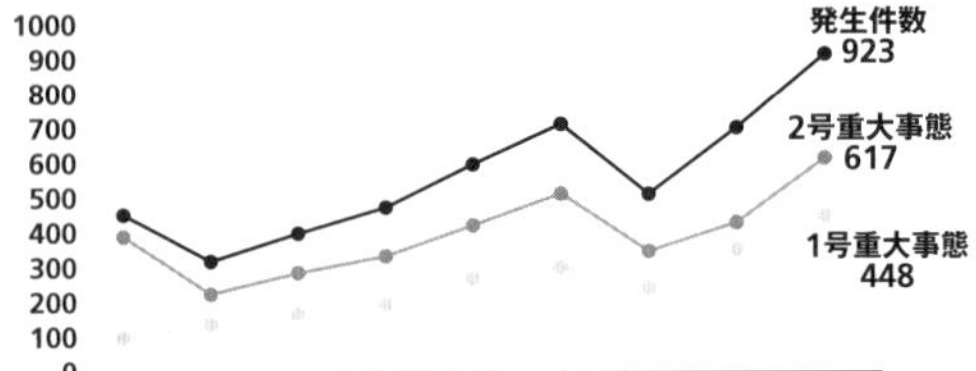

	2014	2015	2016	2017	2018	2019	2020	2021	2022
発生件数	449	314	396	472	598	716	512	706	923
1号重大事態	92	130	161	190	266	298	238	350	448
2号重大事態	385	219	281	330	420	513	345	429	617

＊1件の重大事態が第1号及び第2号の両方に該当する場合は、それぞれの項目に計上されている。

厚生労働省によると、２０２２年の小中高校生の自殺者数は５１４人。統計がある１９８０年以降で最多になった。原因・動機として多いのは学業不振などの学校問題で、「いじめ」と明示されたのは８人だが、自殺の背景は複雑だ。いじめ問題が絡むケースも少なくないだろう。

２０２０年「ユニセフレポートカード16」によると、日本の子どもたちの「身体的健康」は先進国38ヶ国中1位だったが、「精神的幸福度」はワースト2位、37位だった。レポートではいじめについても言及されている。日本では15歳の約17%が「月に数回以上いじめられた」と答えたという。彼らの生活満足度の低さが、全体の精神的幸福度も下げている。

いじめ認知件数も、小中高校などで2022年度、68万1948件。前年度より1割ほど増え、こちらも過去最多を更新した。いじめ認知件数は、「見逃しを防いだかもしれない」という意味で、むしろ増えたことを評価する声もある。

だが重大事態の増加は見過ごせない。もっと「これは深刻な問題だ！」と私たちメディアも教育関係者も声高に叫び、問題解決の実効的な方法を探らなければならない。

これまでのいじめ報道でも反省すべき点がある。いじめ報道の多くは、「事後的」なものに偏りがちだった。ひどい事案が起こると「こんないじめがあった」「被害者にはこんな言葉が浴びせられていた」。そして、いじめ自死の場合には、「第三者委員会の検証にはこんな問題がある」などと報じる。どれも重大事態が起こってからの事後的な報道だ。つまり「予防」の観点からの報道が圧倒的に足りなかった。

いじめは1980年代から大きな社会問題となり、悲劇が続いている。ブラック勤務ともいわれる厳しい勤務状況の中、教職員など教育関係者たちも必死に対策を練ってきた。だが何かが足りなかった。そう言わざるを得ない。

足りないのは何なのか。教育専門家でも文部科学省職員や学校関係者でも何でもない一人の父親、一人のテレビ局記者・ディレクターでしかない私だが、そろそろ私のような第三者による「外野の声」にも耳を傾けてみてほしい。

私が本気で「いじめ予防」について考えたいと取材を始め、書籍化まで考えた理由はいくつかある。公立の小中学校に我が家の子どもたちが通う中で、学級崩壊・いじめ問題・不登校などに保護者として直面した。怒ったり、悩んだりしながら解決策を必死に探ってきた。また、四半世紀を超す記者活動の中で、主に教育問題・子育て問題を取材してきた。そして、子育てに関するNPO法人の立ち上げにも参加した。2ヶ月間、取材したアメリカでの放課後改革をヒントに、平岩国泰（現・代表理事）らと設立した「放課後NPOアフタースクール」は社会的ニーズが高く、今も子どもたちの放課後の貧弱さを改善する一つの解決策として多くの人たちに受け入れられている。最後に、いじめ研究の専門家たちに書籍化について相談した際にかけられた、「ぜひやって」というシンプルな励ましの言葉も私の背中を押してくれた。

ということで私は、わりと幅広い視点からこの国の教育や子育て環境における問題を見続けてきた。だから書きたいと思った。なお現在も、TBSテレビ『報道特集』

のディレクターとして、いじめを含め、世の中の様々な課題について、問題提起をしようと取材を続けている。

では本書では、どんな視点でモノを申していくのか。いじめ問題を思いきって、大きくカメラをズームバックして、視野を広くしながら見ていきたい。専門性の高い学者には見えていなかった何かが見えてくるかもしれない。これまでのステージと異なる地点からの対策も考えてみたい。試しにやってみると、必要なことが見えてきた気もする。それらを読者に投げかけることで、一緒にこの問題を考えていきたい。

今、日本全国で人手不足が深刻化していることもあって、ようやく政府も少子化問題に本腰を入れようとしている。子どもを持たないという夫婦の選択肢はもちろん認められるべきだが、子どもが欲しいと思いながらも躊躇する人たちへの支援は必要だ。様々なアンケート調査から、少子化の理由として経済的な負担が大きいことは明らかだ。未婚や晩婚の増加の背景にも、家庭や子どもを持つことへの負担感や将来設計への不安がある。

なぜ子育てにこんなに金がかかるのか。大きな要素の一つでありながら、あまり議論されていないことがある。近所の公立小中学校に子どもを通わせることへの不安感だ。
いじめや不登校・発達障害の子どもの増加などに対応できていない学校。ブラック勤務で疲弊する教員たち……。公教育を見直さなければならない。

※公教育とは、国立・私立を問わず、公的な制度にのっとった教育を指す。小中学校では大半の児童生徒（小学校で98％・中学校で91％）が公立学校に通っている（「2022年〈令和4年〉度 学校基本調査」文部科学省）。

だから大都市の親たちを中心に、有名私立学校の受験に必死になる。できれば我が子だけでも安心で質の高い教育を受けさせてあげたい。親はそのために高い費用を出して学習塾に子どもたちを通わせ、競争させる。

さらに昨今は、普通に外遊びをしたり、スポーツや文化活動の機会を提供したり、心を耕したりすることにさえお金がかかる仕組みになりつつある。かつては無料で享受できた豊かな公立小中学校の放課後が崩壊してきたのだ。

富裕層は豊かな放課後を享受できるかもしれないが、このような状況ではますます格差は固定化する。それでは社会のダイナミズムを生み出せるはずがない。日本社会や日本経済の硬直化にも直結する。せめて小中学校だけでも安全・安心の公教育を実現したい。放課後の問題については、先述の放課後NPOアフタースクールの立ち上げまでを追った『子どもたちの放課後を救え！』（文藝春秋）で書いたが、いじめ対策で関係してくる話も多い。

公教育をしっかり見直す。それこそ単なるバラまき政策を超えた「異次元の少子化対策」になる。

公教育を見直すうえで決定的に重要になるポイントは、いじめを「芽」のうちに摘み取り深刻化を防ぐ「いじめ予防」だ。公教育への信頼を取り戻す大きな一歩となる。公立小中学校でのいじめ予防が実現できれば、子育て環境は大きく変えられる。親たちは安心して地元の公立学校に子どもたちを通わせられる。学習環境も自然と整う。

少子化対策の一つとして欠かせないのは、公教育の見直し。そのために重要なのは、予防に軸足を置いた「いじめ対策」の実現だ。いじめは人権問題に直結する。学力向上の前に、最優先で取り組んでもらいたい。

＊

本書は三つの章で構成されている。第1章は「いじめ問題の正体」。いじめ研究の泰斗かつ対策の最前線に立ってきた智将、森田洋司（鳴門教育大学特任教授、大阪樟蔭女子大学元学長、大阪市立大学名誉教授）の言葉を軸に、現状とこれまでの対策を考える。いじめ自死があったある町で行われた晩年の森田の講演は激烈だった。仁王立ちし、悲憤で身体を震わせて訴える瞬間もあった。

第2章は、「これからのいじめ予防対策」。子どもや家庭から教員、学校、社会へズームバックしていく形で視野を広げていく。私のようないじめ問題の専門家ではなく、教育機関に所属している者でもなく、ちょっと離れながらもこの問題を真剣に考えてきた記者だからこそ見えてくる課題や予防対策もあるかもしれない。いじめ問題の背景として、これまでスポットが当たっていなかったダークサイドにも光を当てたい。

第3章では、「明日からできる　効果のある〝いじめ予防〟授業」を取り上げていく。欧米も参考に、日本での先進的な事例を踏まえ、誰もが真似できそうな効果的な予防授業を探る。素晴らしい取り組みでも、あまりにも属人的、つまり「この人・この教員・この校長にしかできない」というものや、やり方が難しすぎるもの、教育現場への負担が重すぎるものは避けた。それでは広がりに限界があり、実現可能性が乏しいからだ。全国の小中学校で真似できそうな取り組みを紹介したい。

本書は2020年9月1日からスタートした「TBS NEWS DIG」での連載記事「いじめ予防100のアイデア」を大幅に加筆・修正したものである。この連載を始めるにあたっては、いじめ対策の最前線に立つ方や専門家から『いじめ予防』で最も必要な視点と具体策」を寄せていただき、それらも今回、随所に盛り込めた。時間を割いてくださった志と思いに、ここに改めて感謝を申し上げたい。

効果が出ているとは思えない日本のいじめ対策。私もこれまで『報道特集』などでの取材を通して様々な切り口で考えてきた。中には、YouTubeで無料視聴できるものもある。視聴しやすいよう、QRコードも章末に載せた。ときにはそんなVTR映像を参考に、一緒にこの問題を考えていただけたら幸甚だ。近く、「いじめ予防」に焦点を当てた放送も予定している。

本書が、一人でもいじめに苦しむ子を減らし、少しでも事態の深刻化を防ぐ一助となることを祈っている。なお敬称は省略させていただいた。

川上敬二郎

第2章　これからのいじめ予防対策
いじめに巻き込まれる子どもたちをどう守るか　83

第3章

第1章

いじめ問題の正体

現状と課題を読み解く

対策の〝智将〟森田洋司

その男は怒っていた。司会者から、「国のいじめ対策の最前線にいる専門家」などとこれまでの経歴を長々と紹介されながら、ゆっくりと壇上に上がると、出だしはユーモアを感じさせる口調で200人の教職員を前に話し始めた。

「そんな偉いもんじゃない。その辺にいるおっちゃん、おじいちゃんや」

そしてすぐ、問いかけた。

「2013年施行の『いじめ防止対策推進法』についてです。〝法律やから守れ！〟というのではないのですが、この法律を読んで、学校で話し合いをしたことがある人は手を挙げて！」

あまり挙がらない。男は続けて聞いた。

「じゃあ運転免許、持っている人？」

大勢の手が挙がった。ここで男は一喝した。

「免許とるとき、何いります？　運転する人は道路交通法を知らな、あかんでしょ。むこう（運転）も人の命がかかっている。でも、こっち（教育現場）も命がかかっている。人の命を扱って子どもを指導する皆さんが、法律を読まず、内容も知らず、研

講演中の森田　写真提供：多可町教育委員会

修もせず！　これは道交法を知らずして車を運転するようなもんや！」

会場は静まり返り、緊張感が高まった。

男の名は森田洋司。いじめ対策の〝智将〟だ。森田は2013年に施行された「いじめ防止対策推進法」の生みの親の一人だ。だが魂を込めて法律をつくっても現場で実践されなければ意味がない。だから78歳という高齢にもかかわらず全国を歩き、教職員たちを叱咤激励してきた。

一枚の写真を見てほしい。まさに仁王立ち。両足を踏ん張って話す森田の迫力が伝わってくるはずだ。だが、この4ヶ月後、森田は帰らぬ人となった。

森田がこの日講演をしたのは兵庫県多可《たか》町。2017年5月、当時小学5年生の女児が自ら命を絶った。女児は4年生の頃から仲間はずれにされたり、他の児童と遊ぶことを制限されたりして、精神的に疲弊して自殺に至った。

2019年3月、多可町いじめ調査委員会は町に「いじめが自死の最大の要因」と調査結果を報告。報告書には、女児が4年生のときの全員へのアンケートで女児がいじめを受けていることをうかがわせる回答が複数あったのに、担任教諭が対応していなかったことも指摘された。

報告書によると、2016年6月と9月の「いじめアンケート」で、「あなたは今、いじめられているように思いますか?」という質問に、女児が「なんとなく」の「な」に○をつけかけた跡があった。11月のアンケートでは「はい」に○をつけて消した跡があった。しかし、学校の対応はなかった。

さらに別の「友だちアンケート」では、3人が「女児が仲間はずれにされていた」と記載していたのに、その事実関係すら調査しなかった。

当時の多可町は「いじめ認知」に消極的で、いじめの記載への対応もしないまま、結局、この女児の自死という最悪の「重大事態」を招いてしまった。

多可町は再発防止に動いた。教職員の資質向上を目的に教職員研修会を計画し、森田洋司に講演を依頼した。２０１９年８月、会場には町内すべての公立学校、小学校５校と中学校３校の全教職員２００人以上が集まった。

講演のタイトルは「今、改めて見直す。いじめの捉え方と対応のあり方」。当日参加できなかった教職員のために講演は録画され、私もそれを見る機会を得た。

緊張感が走る冒頭のやりとりのあと、森田は急に声を穏やかにして言った。

「まず一発カツーンと。私も大阪の人間ですから、言いたいことは言います」

ユニークな表現で〝先制パンチ〟をかましたのだと宣言した。

「いじめ問題」との出会い

私がいじめ問題の取材を始めたのは１９９６年、ＴＢＳに入社した直後のことだ。当時、ラジオ記者として「いじめ電話相談」を取材した。最初に記者として真剣に向き合ったテーマだけに、その後も心のどこかに引っかかっていた。

その後、テレビの報道ディレクターとして様々な社会問題を取材してきたが、いつまでも抜本的な解決策が見いだせずに放置されているように見えた「いじめ問題」を、この数年間、改めて取材し、メディアの一員として一石を投じられたらと考えるようになった。父親になってこの問題が自分事として迫ってきたことも大きい。

私もかかわった、これまでのいじめ報道を振り返ると、夏休み明けの「9月1日」に急増する子どもたちの自殺に絡めたニュース企画、毎年秋に文部科学省から公表されるいじめ認知件数の増加について。いじめ自死や遺族による訴訟があれば被害の過酷さを。自死後にあるのは、第三者委員会の調査に関する問題についてだ。残念ながら、多くは「事後的」な報道で、「いじめ予防」という観点での報道は圧倒的に少なかった。

いじめはしっかり予防し、いじめの芽が重大な被害に深刻化するのを防ぐことができれば、数々の悲劇は記事にすらならずに済むはずだ。私は深夜のドキュメンタリー番組『ザ・フォーカス』（2019年6月16日）で「いじめ予防」をテーマに放送した。※1
その後も続編をつくりたいと考えていたが、コロナ禍で学校現場の取材が一気に難しくなった。そこで2020年9月1日から始めたのがTBS NEWSの公式noteでの連載、「いじめ予防100のアイデア」だった。

「100」という数字にこだわりはない。取材の過程で出会った最前線に立つ研究者や、予防の実践者、いじめ被害者や加害経験者など、このテーマに真剣に向き合って

『ザ・フォーカス〜いじめ予防〜』で取材した辰沼小

いる関係者からの知恵を結集して伝えていきたいと考えた。

いじめ予防で重要な役割を果たすのは、子どもたちや教職員だけでなく、保護者や地域の人々、つまり私たちも含まれる。より多くの人たちが幅広い視点からアイデアを出し合い、「いじめ予防」のエッセンスを共有する必要があると考えた。

いじめ問題は、子どもたちの世界だけのものではない。セクハラやパワハラなど大人のいじめも多い。大人のいじめがなくなれば子どものいじめもなくなるかもしれない。いじめ予防について深く考えていくことは、子どもたちが大人になったあとの社会や世界をより良くすることにも通じる。パワハラ、虐待、ご近所トラブル、さらには国家間の紛争においても参考になるような切り口が見いだせる可能性だってあるのではないか。
さっそく、関係者に連絡をとった。アイデアを募集するうえで質問は二つに絞った。

・「いじめ予防」対策で、最も大切にすべき視点とは？
・「いじめ予防」の具体策として、最も必要なこととは？

報酬は出ないにもかかわらず、多方面で第一線に立つ方たちが趣旨に賛同し、回答に協力してくれた。
国のいじめ対策を検討する最前線にいた森田洋司も、もちろんこのテーマについて聞いてみたい一人だった。

森田と「いじめの四層構造」

森田洋司は、1941（昭和16）年、愛知県名古屋市で生まれた。
1980年代からいじめ問題にいち早く注目し、日本のいじめ研究といじめ防止に

森田洋司（1941-2019）　写真提供：鳴門教育大学

向けた実践を、２０１９年の大晦日、78歳で亡くなるまで牽引してきた。

いじめを集団構造として捉えた「いじめの四層構造モデル」は世界の研究者の間でも有名になり、いじめ予防のキーパーソンは「傍観者」だと明らかにした。

「四層構造」について簡単に説明しよう。

・被害者　（いじめられる生徒）
・加害者　（いじめる生徒）
・観衆　（はやしたてたり、おもしろがったりして見ている）
・傍観者　（見て見ないふりをする）

この四層に傍観者とは対照的な「仲裁者」を

図2　いじめ集団の四層構造理論モデル
（森田洋司『いじめとは何か』をもとに作成）

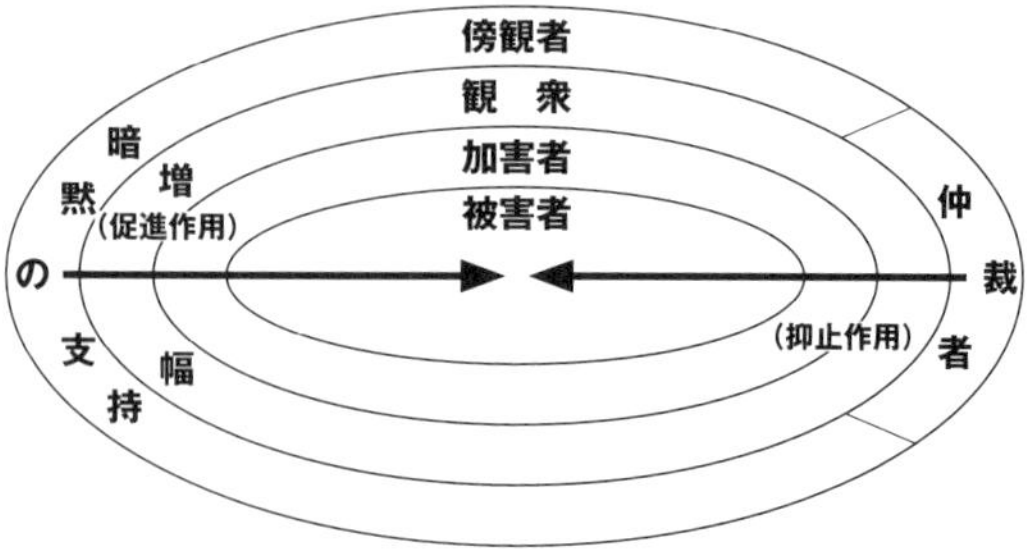

加えたのが図2だ。

いじめ防止には観衆や傍観者が変わることが重要だと明らかにしたもので、今ではいじめ防止の基本理念となっている。

森田は、『いじめとは何か』（中公新書）の中で、観衆と傍観者について、次のように解説している。

「観衆」は直接手を下してはいない。しかし、ときにはやし立てることによって、いじめの炎に油を注ぎ込む存在である。「いじめる子」にとって、彼らの存在はいじめを積極的に是認してくれる層である。

いじめの炎に油を注ぎ込む。なるほど。森田は分かりやすくこうして「観衆」の姿を浮き彫りにすると、「傍観者」についても、次のように辛辣に書いた。

「傍観者」は、知らぬふりを装い、一時的に日頃の人間関係を断っている子どもたちである。彼らが冷やかな反応を示せば、いじめを抑止する存在となる。しかし、見て見ぬふりをする態度の背景には、他者の抱えている問題への無関心さ、自分が被害者になることへの恐れ、優勢な力に対する従順さ、集団への同調志向などが横たわっており、この層の大部分は、実際には、いじめを抑止する力となりえない。

「傍観者」を英語では、bystander（バイスタンダー）と表現する。いかにも傍に突っ立っているだけで何もしない人物を言い表す言葉ではないだろうか。「いじめ」だけではない。自戒を込めて書くが、多くの社会問題で我々は「傍観者」に甘んじている。それでは世の中は何も変わらない。傍観者が、行動を変える。森田は、「いじめ」対策の鍵はこの傍観者を変えることだと強調した。このあと、じっくり、その具体策を考えていきたい。

迫力の講演——停止ボタンを押せず

森田は、2014年から文部科学省「いじめ防止対策協議会」の座長を務めていて、全国で様々な講演会に呼ばれていた。

2018年2月、都内でのシンポジウムを私は一人、小さな家庭用ビデオカメラを持って訪れた。当時は放送予定も曖昧で、スタッフ2名を伴う取材クルーによる大きなカメラでの撮影を依頼しなかった。

初めて聞く森田の講演。ユーモアを備えた力強さに圧倒され、引き込まれ、カメラのストップボタンを途中で押せなかった。カメラの三脚を持っておらず、会場の脇で立ちっぱなしだったが、2時間、最後まで収録した。

実は、この講演で上京する森田に、私はインタビュー取材を申し込み、質問もメールしていた。しかし「時間の都合がつかない」と断られていた。

講演後、会場で森田に「TBSの川上です。またの機会にぜひ、インタビューをお願いします」と挨拶したところ、「おお。質問を読んだよ。君はよく勉強しているね」と明るく答えてくれた。それが、私が森田と直接言葉を交わす最後の機会になるとは思いもよらなかった。

森田は教育者だ。子どものような年齢の私にも、そういって励ましたのだろう。私が投げかけていた質問は、これまでの国のいじめ防止対策の問題点を根本から問うものだった。

すべての質問を読めば、「森田先生、あなたが国のいじめ防止対策の音頭をとってきましたよね？　それでもいじめ問題はまったく解決していませんね？　1980年代からずっと解決できていない現状をどう捉え、何が問題だと思っていますか？　どう対応したらいいのですか？　なぜそれができないのでしょうか？」という私の思いが伝わるはずだ。

いじめによる悲劇は続き、止まらない。その理由を、国のいじめ防止対策の旗振り役である森田にたっぷりと時間をとってもらって聞きたかった。

2020年2月、改めてインタビューを申し込もうと、森田の名刺にあった自宅に電話したところ、弘子夫人から「大晦日に亡くなった」と聞いた。

「えっ」。電話口で思わず声が出た。「そうでしたか……。それは残念です。お悔やみ申し上げます」。それ以上、何も言えず、電話を切った。私はしばらく茫然《ぼうぜん》としていた。

「僕がやらなきゃ……」

森田は、最晩年まで講演や会議を精力的にこなしていた。そして2019年11月、たまった疲労もあったのだろう。仕事で移動中に倒れて骨折した。入院中、感染症を患い、大晦日に亡くなったのだった。妻弘子に晩年の様子を聞いた。

「とにかく忙しくしていました。もう高齢だし、仕事もできるだけセーブしようと私は働きかけていました。森田はどんな講演でも、しっかり準備して、とにかく仕事にまじめでした。僕がやらなきゃ……という意識が強かったようです」

長男で北九州市立大学教授（国際環境工学部・環境生命工学科）の森田洋《ひろし》は、「忘れられないのは最後の1ヶ月、入院中の病院でも仕事をしていたこと。仕事関係の方々が病室に来て話し込んでいた。しんどかったはずの亡くなる前日にも『ああ、今日も無駄な1日を過ごしたなぁ』と言ったのには本当に驚いた。まだ仕事をする気なのか！　と」。

多忙だった森田は、一般向けの著書では、2010年に出版された前述の『いじめとは何か』が最後になってしまった。その後の10年間、森田は何を考え、何を訴えたかったのか。今となっては森田が残した言葉だけが頼りだ。そこで私はまず、死の4

ヶ月前に行われた多可町の講演映像を見た。

対策を考える大前提

ところで、いじめ対策について誰かと話をしようとすると、それぞれの経験をもとに定義はバラバラになる。それでは議論がかみ合うはずがない。解決策や予防策を考えるには、まずは共通言語が必要だ。

試しに、ある大学教員の協力を得て私も現役の教員たちに、法に基づく「いじめの定義」についてどう思うかを聞いてみた。すると、定義の広さを面倒だと感じたり、困惑したりしたことがあるという声が少なからずあった。

・低学年と高学年、または意識に個人差があるため、本人が「いじめられた」と言っても、「これはいじめ？」と判断に困ることがあります。（兵庫県小学校教員・30代）

・「たたかれた」も本人の訴えによりいじめになります。担任としてはいじめと捉えますが、報告しても一件と数えないようで曖昧です。（神奈川県小学校教員・40代）

・低学年は、アンケートに「いじめられたことがある」と答えていた子たちが多くいました。しかし話を聞いてみると、ただのケンカでした。（静岡県小学校教員・20代）

・生徒指導を担当した際、いじめの件数を毎月報告していました。しかし、本当にささいなケンカ（ちょっとたたいた、悪口をいわれた）でも「いじめ」と挙げざるを得ず、「いじめ調査」としてこれでいいのかと思いました。（兵庫県小学校教員・40代）

・いじめの定義は幾度か変遷し、改善されつつありますが、まだまだ定義が曖昧で、管理職や担当教諭によっては、その都度、ケースによって諮る場合もあります。（大阪府小学校教員・40代）

教員たちのリアルな思いが伝わってくる。「ただのケンカ」で済ませていいのかなど判断も迷うはずだが、一方で、「迷いは何もない」という教員たちもいた。

・困惑したことはありません。校長先生から「いじめはされた側がそう感じたらいじめだ」と言われていて、その共通認識のもとで動いています。（東京都小学校教員・40代）

・私の学級で今年いじめが起こり、市教育委員会に報告しました。学校側で困惑したり面倒に感じたりすることはなかったです。（愛知県小学校教員・30代）

・面倒だと感じたり、困惑したことはありません。（東京都小学校教員・20代）

法律ができて10年たった今でも地域や学校によって、定義の共通認識がきちんとできていたり、できていなかったりするバラツキがある。

全国を講演行脚してきた森田は、そんな定義の広さに戸惑う教員の声に度々遭遇した。すると、逆にこう聞いた。「それなら皆さん、いじめの定義が書いてある法律をちゃんと読んだことがありますか？」。

実際、多くの教職員が、ちゃんと読んではおらず、多可町でもそうだった。そこで森田は力を込めて講演会でこう訴えた。

「『法に従って定義』って何ですねん？　とか聞かれるけど、この法律からが始まりです。こんなに多くの方が読んでいないなら、いつまでたっても状況は改まりません！」

いじめの定義は「いじめ防止対策推進法」の第2条にある。

第二条　この法律において「いじめ」とは、児童等に対して、当該児童等が在籍する学校に在籍している等当該児童等と一定の人的関係にある他の児童等が行う心理的又は物理的な影響を与える行為（インターネットを通じて行われるものを含む）であって、当該行為の対象となった児童等が心身の苦痛を感じているものをいう。

思い切りシンプルにしてみると、「いじめとは、その子がされてイヤだと思ったこと」。ものすごく広い。だが、このように変更した背景には、これまでの定義の狭さをめぐる対応の問題があることを忘れてはいけない。

「いじめの定義」は、1985年度から2005年度までは、こうだった。

「いじめ」とは、①自分より弱い者に対して一方的に、②身体的・心理的な攻撃を継続的に加え、③相手が深刻な苦痛を感じているもの。なお、起こった場所は学校の内外を問わない。

1994年度以降は、「個々の行為がいじめに当たるか否かの判断を表面的・形式的に行うことなく、いじめられた児童生徒の立場に立って行うこと」と注釈がついたが、①～③の「いじめの性質」が一つでも欠ければ「いじめではない」と判断するケースが、学校現場に頻繁にあった。それが「見逃し」や「見ないふり」につながった。だから定義を広くした。被害者の立場に立つことが必要で、苦痛についても、表面的・形式的に捉えることなく、心に傷がつけば、あるいは傷つけてしまったら「いじめ」としたのだ。

森田は「この法律による正確な定義の周知と徹底が大切だ」と繰り返し述べてきた。定義づけは「物差し」であり、少なくとも教職員は、同じ「物差し」で、まずは認知しなければならず、勝手に判断してはならないからだ。

「いじめではない」と見逃すよりは……

この「物差し」で考えれば、多くの人間トラブルが「いじめ」になりうる。だが、見逃すよりはずっといいと私は考える。

すべての日本人、誰もが「いじめ」と認める深刻な「いじめ」があるとする。それを教員が見つけたら当然、一生懸命、対応しようとする。だが大抵の場合、あとで深刻化して表面化するのは、「いつものケンカ」「いつものトラブル」と見逃されそうなボーダーラインにあったはずだ。

というわけで、古いいじめの定義からは、行為の継続性や反復性が削除された。一回限りでもいじめに該当する。被害の軽重も無関係だ。加害者の動機も関係ない。「悪」の意思からではなく、たとえば「嘘つきのあいつを正さなきゃ！　それがクラスのためになる」といった「善なる意思」からでもいじめになる。「悪気はなかった」という「無自覚」からもいじめは生じる。

森田によればいじめの本質は、「影響力の悪用・乱用」だ。いじめは、子どもだけに特化した現象ではない。大人社会のパワハラ・セクハラ・虐待・DVなども、同じメカニズムで発生する。

「いじめ」の定義は広くなった。これで見逃しは減る、はずだった。だが、それに伴って別のタイプの課題も浮かび上がった。

定義が「広すぎる」という批判の中で

ひどいケースも発覚している。保護者が広い定義をもとに、子どもが傷ついたあらゆるケースで「いじめだ！」と学校に一方的に度々訴えてくる場合もある。

学校トラブルの問題に詳しい弁護士の佐藤香代によると、「息子の彼女が女友達と遊びすぎる」ことを理由に「いじめだ」と訴えてきた保護者がいたそうだ。子ども同士で解決できるトラブルを、片方が「いじめだ」として過剰に反応して、問題を大きくしてしまう場合もあるという。

定義の広さは問題解決のためのものであり、火に油を注ぐためのものではないことを我々、すべての大人は忘れてはならない。

実際、今も、教員たちから「いじめの定義が広すぎる」「いじめ防止対策推進法を見直してくれ」という声は少なくない。

毎日新聞が2023年5〜6月に、政令指定都市（政令市）と県庁所在地などの教育委員会にアンケート調査を行ったところ、回答した49教委のほぼ半数の25教委が「法改正は必要」と答えた。※2
政令市（「指定都市教育委員会協議会」）は、すでに2022年7月、いじめの具体的な態様などを示すことを求めて文部科学省などに法改正を要望。現行法では定義が広く、学校現場が多数の「いじめ」対応に追われ、重点的に扱う事案に手が回らないとの趣旨からだ。

政令市ではないある市教委は、「児童生徒が主体的にトラブルなどを解決していく力を身につけさせる機会を、法にのっとった対応を学校がすることで奪ってしまっていることがある」と回答した。

たしかに「児童生徒が主体的にトラブルなどを解決していく力」を育むことは重要だが、法にのっとったら、それはできないのだろうか。

いじめは見えづらい。だからこそ、私は法律にある「いじめの定義」に沿って広くいじめを捉え、軽微なものでも見逃さず早期発見し、早期対応に努める必要があると考える。まだまだ見逃されているいじめは多い。定義が「広すぎる」と批判し、時代を逆回りに戻してはいけない。

これまでのいじめ事件を振り返れば、どれだけ学校側が「狭い定義」を口実に、いじめを矮小化、隠蔽しようとしてきたかの歴史そのものだ。教員の多忙化もあって、「できるだけかかわりたくない」「知らなかったことにしよう」。そんな教員や学校側の姿勢によるいじめの重大化・深刻化は今もある。だからこその法改正だったのだ。

いじめの一般化

法改正の目的は、深刻化の予防だけではない。近年のいじめの様態への対応だ。森田はそれを二つのキーワードで説明していた。「一般化」と「流動化」だ。

「いじめの一般化」とは、子どもたちにとっていじめが「すぐそこにあること」を意味する。かつていじめは数名の加害者と一人の被害者という、特定の関係の子どもたちの問題として捉えられていた。だが今では、「誰もが」この問題の関係者となっている。

1998年から同じ内容の調査をある地方都市で繰り返し、経年的な変化を追ってきた国立教育政策研究所の「いじめ追跡調査」で見てみよう。調査は、小学4年生から中学3年生までの全児童およそ800人を対象に行われてきた。[※3]

たとえば、2010年に小学4年生だった子どもが中学3年生になるまでの「いじめ経験」を6年間、年2回ずつ聞いたところ、「仲間はずれ・無視・陰口など暴力を伴わないいじめ」を「された経験がある」という被害経験者は、9割（90・4％）に上った。さらに驚くことに「した経験がある」という加害経験者も9割（90・4％）だった。

いじめは今や特定の子どもたちの問題ではなく、かなり多くの子どもたちがかかわっている問題なのだ。

森田が亡くなったあとに公表された調査（2016－2018）でも、被害経験者は9割（91・4％）で、加害経験者も85・4％いた。改善はわずかだった。[※4]

高まる流動性

いじめの現状を表す二つ目のキーワードは、「流動化」だ。今や、被害者と加害者はぐちゃぐちゃに入り乱れている。

急増している「ネットいじめ」で、実際にあったケースを見よう。今や高校生のほぼ全員、中学生の約8割、小学生でも高学年の過半数が持っているスマートフォン。いじめに与えるインパクトは年々大きくなっている。

文部科学省の2022年度の「問題行動調査」では、インターネット上で誹謗・中傷が行われるなどの「ネットいじめ」は、初めて2万件を超えた前年度をさらに上回り、2万3920件となった。

中学教員として約20年の勤務経験がある兵庫県立大学教授の竹内和雄が直接かかわったのは、小学6年生のある仲良しグループでの「ネットいじめ」だ。クラスの女子18人のうち15人がLINEをしていた。花子（仮名）は母親のスマホを借りてそのLINEグループに入った。ある日、花子は、クラスのリーダーA子から遊園地のお土産として、クマのぬいぐるみをもらった。夜、LINEにはA子の書き込みがあった。

図3　ネットいじめの認知件数
（文部科学省調査をもとに作成）

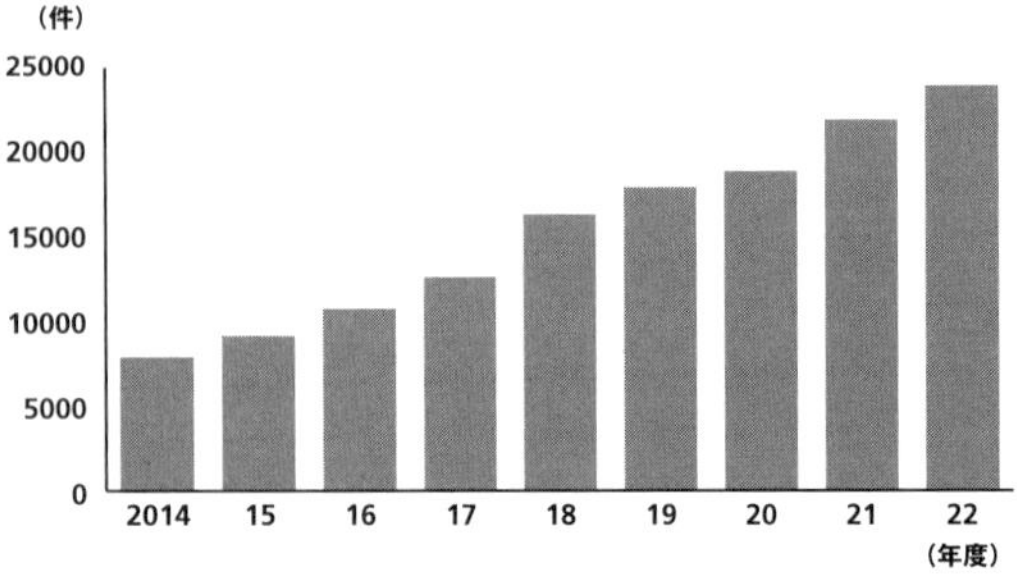

A子「今日のアニメ、面白かったぁ……」
B子「塾で見てない。これから見よ！」

花子はA子がＬＩＮＥ上にいるのを見て、お礼を言おうと、クマの写真をアップして「このぬいぐるみ、かわいくない」と書き込んだ。すると全員「既読」になったのに、なぜか誰からも返事が来なかった。翌日以降、学校でも無視されるいじめに遭い、花子は不登校になった。何が問題だったのだろう。

ＬＩＮＥ初心者の花子は「かわいくない」のあとに「？」をつけ忘れたのだった。A子らから誤解され、怒りを招いてしまった。

ＬＩＮＥにはグループから特定のメンバーを退会させられる機能があるが、A子はそんなリスキーなことはしなかった。A子は花子以外の新たなグループをつくった。

Ａ子「最近、花子、調子乗ってる」

Ｂ子「そうそう」

Ｃ子「ほんま、それ〜」

　ターゲットを花子に決め、他の子も賛同していった。花子へのいじめはこうして始まった。だが、このケースには続きがあった。

「いじめの流動化」だ。一昔前はいじめのターゲットが次に移るのには１〜２年かかったが、最近は非常に早い。２ヶ月、短ければ１ヶ月、２週間で変わることも多いという。だから、いじめ被害に遭っても「騒ぎを大きくしたくないから」と誰にも言わず、「どうせターゲットは移るから……」と被害者が我慢する傾向もあるほどだ。

　花子やＡ子もいる「仲良し」六人グループでは、その後、いじめのターゲットが花子からＥ子に移り、Ｄ子に行き、そしてＢ子へ、やがてＣ子にも向かった。そして最後は、リーダーだったＡ子へのいじめも発生した。

　Ａ子は、自分に矛先が向かないよう、常に他の四人とはトイレにも一緒に行くなど行動を共にしていたが、Ａ子以外の五人がこんな「密談ＬＩＮＥ」を始めていた。

図4　東京都の小学4年生から高校3年生約1万人に対する調査

		いじめられた経験			
		ある	なし	無回答	合計人数
いじめた経験	ある	4391 (46.9) ↓【70.9】 →【81.4】	983 (10.5)	21 (0.2)	5395 (57.6)
	なし	1790 (19.1)	2125 (22.7)	7 (0.1)	3922 (41.9)
	無回答	14 (0.2)	7 (0.1)	22 (0.2)	43 (0.5)
合計人数		6195 (66.2)	3115 (33.3)	50 (0.5)	9360 (100.0)

「被害」「加害」の流動化

被害・加害経験の両方ともある子ども……46.9%
いじめられた子ども……7割はいじめた経験あり
いじめた子ども……8割はいじめられた経験あり

B子「A子のこと、どう思う?」

C子「どうって?」

探りあった末に、B子が切り出した。

B子「最近、やりすぎと思わない?」

花子「みんな言ってる」

D子「やりすぎだよね」

こうしてA子以外の五人が結託。反逆して、最後はA子を猛烈にいじめた。※5

竹内は、「誰もがいつでも被害者や加害者になりうる。こういう緊張感の中で子どもたちは日々、スマホと向き合って生活している。だからLINEで子どもたちはすぐに返信、〝即レス〟する。楽しみというより一生懸命LINEしている子どもも多い」と解説した。

「いじめの流動化」は、数字でも浮かび上がっている。2012年度の東京都による大規模調査、通称「1万人調査」で見よう[※6]。小学4年生から高校3年生（特別支援学校含む）の9360人のうち、いじめ被害と加害、その両方を経験した子どもは4391人と全体の半数近く（46・9％）を占めた。被害経験者の7割（70・9％）は加害経験もあり、加害経験者の8割（81・4％）は被害経験もあった。全体の8割は、被害・加害、何らかの形でいじめにかかわっていた（図4参照）。森田は講演でこう強調していた。

「これだけの子どもが入れ代わり立ち代わり……。これがいじめの現状なんです。大勢の子どもたちが、加害者と被害者、両方を体験しています。多くの子どもが人の心を傷つけたり、傷ついたりしながら学校生活を送っています。まさに〝流動化〟している。いじめたらいじめられる、いじめられたらいじめる。その連続なんです」

いじめの一般化と流動化がここまで進んでいるとは……。最初にこれを知った際には、私も正直、驚いた。と同時に、そんな日常的に「いじめ」と向き合いながら学校生活を送っている子どもたちがかわいそうになった。常に何かにおびえている。人間関係で失敗しないだろうか。変な発言で嫌われないだろうか。自分の「見てくれ」はどうだろうか。そんなことばかり気にして日々を過ごす子ども時代は、幸せとは言い難いのではないだろうか。

教員たちも気付いていた……

再び、複数の現場の教員たちに聞いてみると、やはり多くが、いじめの一般化や流動化を実感していた。

・いじめの一般化を強く感じます。子どもたちの環境の変化にも関係していると思います。スマホの普及、SNSやオンラインゲームの利用などで、あらゆる場面でいじめが起こりうる環境にあると感じています。(兵庫県小学校教員・30代)

・クラスでアンケートをとると「暴力や暴言や無視などでイヤな思いをしている」と数人は必ず被害を訴えてきます。それも、あんなに楽しそうなあの子が……という思いです。子どもの世界には大人のアンテナが行き届きづらいと実感しています。

（小学校教員・20代）

・善悪の判断がつかず、「なんでやってはいけないのか」を説明しなくてはいけない場面も増えています。「ルールを守る」とか「他の人の嫌がることをしない」という意識が薄く、悪気がなく暴力を振るってしまう場面も見られます。（東京都小学校教員・40代）

・いじめの要因は、ストレスと排他性などと言われますが、様々な環境や情報のもと、毎日、ギリギリの生活をしている子どもたちが増え、余裕がなくなってきているのかもしれません。（大阪府小学校教員・40代）

・女子のグループでは、誰か一人が無視される時期が終わると、別の子がターゲットになる事例を多く聞きます。（静岡県小学校教員・20代）

・一人っ子が増え、核家族化が進み、多くの人と共同生活している子どもも減り、相手との距離感を掴むのが難しくなってきていると感じます。「いじり」と「いじめ」の境界線が難しく、「いじめ」を自覚していない子どもたちが多くいます。さっきまで仲良く遊んでいた子どもたちが、ちょっと目を離すとケンカしている。昨日まで、仲良く話していた子どもたちが、ちょっとしたきっかけで距離を置く。立場がアッという間に変わってしまうことが多くなっていると感じます。（大阪府小学校教員・40代）

教員たちは、いじめの一般化と流動化を認識していた。だが、その対応はとても一人でできるようなものではない。簡単ではない。

法改正ではもはや限界

いじめの一般化と流動化という新しい事態に直面している学校現場。法改正で、より幅広くいじめを捉え、早期発見・早期対応につなげようとすることは大切だが、それだけでは不十分だ。

森田洋司も、いじめの現状を踏まえ、見直さなければならない対策もあると述べていた。たとえば、1980年代から2000年代の初めまでは、いじめっ子の性格、パーソナリティ、特性などの分析があった。被害者の特性も、行動と人格をくっつけて解釈していたが、今の時代、一概には言えなくなってきた。一人の子どもの中に、加害者も被害者も共存しているかもしれないからだ。

誰かを〝加害者になりやすい子〟、〝被害者になりやすい子〟、と決めつけて済ませるのではなく、すべての子どもたちへの指導や支援が必要だと森田も訴えた。

「もっと基礎的ないじめの未然防止が必要です。問題に対応する〝治す生徒指導〟ではなくて、〝育てる生徒指導〟をどう展開するのか」

いじめ対策の大きな方向性を「事後的対応」から「未然防止」へと変えていこうと提言したのだ。

いじめ認知は対策のスタートライン

いじめの認知件数は増加傾向にある。だが森田は、「たしかに増えてはきたが、まだまだ少ない」と嘆いていた。

全国の児童生徒数は、小中高・特別支援学校で約1280万人いるが、いじめ認知は約68万2000件（2022年度調査）。全体の児童生徒数からすると約5％だ。

これだけ国が「いじめ認知を！」と積極的に呼びかけているのに、未だに5〜6校に1校（17・9％）は、認知ゼロ。「うちの学校には1件たりともいじめはありません！」と報告している。

「いじめ認知ゼロ」は本当なのか。今の広い定義では極めて稀だろう。文部科学省は、「ゼロ」と宣言するなら児童生徒や保護者にも公表を、と呼びかけているが、総務省のサンプル調査では、「認知ゼロ」学校の半数しか公表していない。※7
学校が地域に「認知ゼロ」を公表すれば、被害児の保護者らは「いやいや、あるでしょ？」「うちの子のケースは？」と声をあげやすくなる。

いじめは巧妙に隠されながら行われる。教職員の観察やアンケートだけでは気付けない場合もある。だからこそ学校が「認知ゼロ」を公表し、保護者や地域住民に検証を仰ぐ。「漏れ」がないかを確認する。

私たち地域住民も、学校のいじめ認知件数や推移を冷静に見守りたい。ある学校で件数が増えると、「あの学校はいじめが多い」と校長らが批判されることもあるが、そのような見方を変えなければならない。

いじめの認知件数が増えたなら、むしろ積極的・肯定的に評価する。認知の数は、教職員が子どもたちの命を守るため、子どもたちの心の傷にきちんと寄り添い、対応した数だ。いじめ認知はまだ5％。もっと掘り下げようとすれば、いくらでも出てくる。

認知とは「気付き」であり、いじめ解消に向けた取り組みのスタートラインに立てたことだと私たちも理解していきたい。

いじめの軽重で判断しない

学校はどうしてもいじめの軽重で対応を変えようとする。実際にすべての疑わしいものに対応しようとすれば、大変な業務の負担になる。ただ、過小評価によって、悲劇が続いてきたこともたしかだ。すべての教職員はそのことを肝に銘じながら日々、対応すべきだろう。

中学校教員として長年勤めたあと、大学教員に転じ、森田洋司と共にいじめ対策に奮闘してきた鳴門教育大学特命教授（名誉教授・学校教育学）の阪根健二も、いじめを簡単に「軽微なもの」と捉えることの危険性を訴える。いじめを考えるうえで重要なのは、法律上の定義にもある「一定の人的関係にある」点、つまり身近な人間関係から生まれる負の現象だというポイントで、だからこそ苦痛が大きいのだという。

教員がいじめを疑ったら、とことん突き詰める。その際、教員の立ち位置は、「いじめられる側に非はない」というところからスタートすべきだとも指摘している。定義も広く多様ないじめをどう捉え、どう評価し、どう対応するか。

いじめ訴訟で生徒側の代理人としていじめ被害者に寄り添い、いじめ予防のためにスクールロイヤーとして学校の組織にかかわってきた弁護士の森田智博に聞くと、やはり現場の教員がいじめの事実と評価を正しく行うことの重要性を挙げた。

コラム① 事実と評価の区別を

森田智博（弁護士）

第三者委員会や代理人としていじめに接すると、いじめの態様や原因は様々であると感じます。勉強のできる子、部活で活躍している子がいじめを受けたり、まじめな子がいじめる側になったり、仲が良さそうに見えるグループの中でもいじめが発生します。

それを近い位置で客観的に把握し、対応できるのは教師だけです。教師も多くの課題に追われていますが、いじめの予防・早期発見・対応を教師に期待します。私はいじめをなくすためには、正しい事実認識と組織的な対応が必要だと考えています。

正しい事実認識についてですが、現実世界に存在する事実のうち、人間が把握できる事実はほんのわずか、氷山の一角です。同様に教師が把握できる子どもにかかわる事実も現実に存在するもののほんの一部にすぎません。また、教室外での事務や部活動への対応に追われている教師にとっては、時間的・場所的な制約が大きく、子どもの間で起こっていることすべてを把握することは不可能です。

だからといって、教師が子どもから事実を聞き取ろうと思ってもそれも難しいでしょう。教師が子どもに「いじめられているの？」「大丈夫？」と聞いても「いじめられている」「大丈夫じゃないです」と答えることは珍しいと思いますし、いじめられている子どもの方が、逆にそのように答えないのではないでしょうか。

子どもの考えを知るためには、いじめやハラスメントを報告・相談できるＩＴを使った新しい方法を試してみるのもよいかもしれません。

仮に教師がいじめと思われる事実を把握できていたとしても、正しく把握できているか、把握した事実を正しく評価できるかという問題もあります。

たとえば教師が子どもの間で「ばか」と言っている状況を見たとき、それがいじめであるか、いじめでないか（言われた側が傷ついているか）は、子どもの関係性によります。

あるグループについて、いつも一緒にいるから仲が良くいじめは起こらないと考えていた場合と、いつも一緒にいることでグループ内の同調圧力やストレスが原因でいじめが起こるかもしれないと考えていた場合とでは教師の事実認識、事実の評価、対応に差が生じます。どうすれば事実を正しく把握し、その事実を正しく評価できるのでしょうか。

まずは事実と評価を区別することが必要です。「ばか」という発言があったという事実と、その事実がいじめに当たるという評価は区別しなければなりません。

「Ａ君がＢ君のことを『ばか』と言ったこと」は事実ですが、それがいじめであるかは子どもの関係性などを把握していなければ評価できないことになります。

　そうなると教師には子どもたちの関係性を普段から把握していることが要求されます。つまりいじめと評価されるような具体的行為を把握することはもちろん、その具体的行為を正しく評価するための材料となる事実（関係性）も把握し、具体的事実と関係性の評価を行っていかなければなりません。

　子どものコミュニケーションの取り方や思考などは、大人のそれと被る部分もありますが、子ども特有の部分もあります。そのため普段から意識的に子どもの社会で起こっている事実（関係性）を認識する必要がありますし、その関係性を正しく評価するために、子どもの関係性で典型的なものを知っておく必要があります。そのためには、いじめの第三者委員会の報告書などを用いて実際の事例を検討することも有効です。

見て見ぬふりをするな

　学校問題に詳しい先述の弁護士、佐藤香代らは『いじめ防止法　こどもガイドブック』（三坂彰彦・加藤昌子との共著・子どもの未来社）で、いじめの捉え方について、次のように発信している（本文には「いじめ」とあるが「」を外して引用）。

どんな小さないじめであっても、あるいはいじめに発展しかねない子どもどうしのトラブルであっても、子どもがSOSを発している時に大人が見て見ぬふりをすることは許されません。ただし、その一方で、多様な行為を含むいじめに一律に厳罰をもって対応することが、かえって子どもたちの安心・安全を損ね、健全な成長発達の機会を奪うことになる場合もあります。

そこで重要になるのが、いじめの具体的な内容や背景を見極めたうえで、適切に対処することだという。

広い意味のいじめに当たる場合でも、これを「いじめる側」「いじめられる側」という加害・被害の対立構造でとらえて対処すると、かえって事態の悪化を招きかねない場合も少なくありません。また、加害・被害の対立構造でとらえてしまうことで、子どもたちが他者とのぶつかり合いの中で、違いを受け入れる力やコミュニケーション能力を育てていく機会を奪うことにもなりかねません。

教員や学校としては、法律にのっとり、いじめを法律定義で捉え、場合や状況に応じて、適切に対応する。教員にとっては一見、負担が大きいかもしれないが、小さな芽のうちに気付いたら校内で共有して対応する。隠蔽して放置して深刻化し、問題が肥大化するよりも、時間も労力もはるかに少ない。また、軽微ないじめでも記録として学校に残すことで、あとで深刻化した際にも、すぐに取り出して参考にできる。いじめ対応を最優先に。これが教職員の基本だと私も考える。

浮かび上がる「認知力の格差」――新潟市の〝認知力アップ〟作戦

見て見ぬふりをしない。それは認知することから始まる。だから認知件数が増えていることは、その結果の表れだと評価したい。文部科学省も認知件数の増加については、「全国的に積極的に認知を行うよう呼びかけている結果だ」と肯定的に受け止めている。

一方で気になるのは「いじめ認知力の格差」だ。少しずつ改善されているとはいえ、地域間の格差、学校ごとの格差、そして教員による格差が大きい。

2022年度の「問題行動調査」によると、いじめを認知した学校は全体の8割を超えた（82・1%）が、逆にいえば約2割の学校は「うちの学校にはいじめがない。〝いじめゼロ〟だ」と宣言していることになる。いじめの定義を広くして「小さい芽のうちから摘み取ろう」ということなのに、芽の一つも見つからなかったのだろうか。

地域間の格差は、国も問題視している。都道府県別「1000人あたりの認知件数」では、2022年度、最多の山形県（118・4件）と最少の愛媛県（14・4件）で約8倍の差があった。

なぜこれほどの格差が生まれるのか。2019年度の調査をもとに、高い認知力と低い認知力の自治体への取材を試みた。

たとえば、20ある政令指定都市の「1000人あたりの認知件数」で、新潟市（259・3件）と岡山市（11・3件）では、約23倍もの格差があった。

新潟市では、1000人につき250件以上、つまり四人につき1件以上のいじめを認知した。まさに「いじめの一般化」を映し出すような数字だ。新潟市教委の学校支援課長（当時）山田哲哉に聞いた。

「いじめ防止対策推進法」が施行された２０１３年度、新潟市教委は全教職員に〝いじめ見逃しゼロ〟を理解してもらおうと「いじめ対応リーフレット」を作成した。しかし、市の調査で学校による認知に大きな差があることが浮き彫りとなり、全教職員に認知について徹底する必要性があると捉えた。

そこで法の施行3年後、森田洋司を講師に迎え、「いじめの定義に関する特別研修と市民フォーラム」を開催した。教職員だけでなく、保護者や地域の人たちで具体的な事例を学ぶ機会を設けた。山田課長（当時）によると、森田が講演した翌年、大きな動きがあった。

２０１7年4月、「新潟市いじめの防止等のための基本的な方針（以下『基本方針』）」が改定され、それに沿ったアンケート調査が始まった。翌２０１８年には「いじめ・不登校の初期対応ガイドブック（いじめ編）」も作成され、全教職員に配布された。「基本方針」に沿ったアンケートとガイドブックの二つが〝認知力アップ〟に大きな役割を果たしたという。

新潟市では、いじめアンケートを1年間に3回以上行う。「基本方針」にもアンケ

図5　新潟市・小学校低学年用のいじめアンケート用紙の一部
（新潟市教育委員会資料をもとに作成）

できごと	○・×
からかわれたり、わる口やいやなことをいわれた。 たとえば…「バカ」「しね」などといわれた。いやなあだ名をつけられた。	
なかまはずれや、みんなからむしされた。 たとえば…ひる休みに，あそびのグループに入れてもらえなかった。	
かるくぶつかられたりたたかれたり、けられたりした。 たとえば…すれちがうときに、からだをぶつけられたり、足をかけられたりした。	
ひどくぶつかれたりたたかれたり、けられたりした。 たとえば…せなかをつよくたたかれた。足でつよくけられた。	
お金やものをむりやりとられた。 たとえば…「ちょうだい」「かして」としつこくいわれて、じぶんのものをとられた。	
ものをかくされたり、ぬすまれたり、こわされたりした。 たとえば…つくえの中からじぶんのものをかってにとられた。くつをかくされた。	
いやなこと、きけんなことをされたり、させられたりした。 たとえば…ズボン下ろしをされた。ひとのもちものをじぶんだけがもたされた。	
パソコンやスマホで、いやなことを書かれたりされたりした。 たとえば…じぶんの名まえやしゃしん、わる口を、かってにながされた。	
その他 このほかに、「いやだなぁ」「いたいなぁ」とおもうようなことをされた。	

ートについての記載があり、それに沿って子どもたちが安心して記入できる環境を整える。教室でアンケートを記入する際には、事前に教員から子どもたちに「君たちのSOSや情報提供は、学校が責任をもって受けとめ、必ず対応する」と伝えることも義務づけている。

調査用紙にも工夫がある。年齢ごとに読みやすくなっていて、「ひやかしや悪口」「仲間はずれや無視」など9項目の有無について、○か×をつける。特定の子どもだけが鉛筆を動かすことがないように配慮したものだが、自宅で記入させる学校もある。記名か無記名かも選べる。

実は9項目は、すべていじめに該当する。教員たちも、それらの行為はいじめに当たるのだと改めて確認できる仕組みだ。

こうして新潟市のいじめ認知力は格段に向上した。「基本方針」が改定された2017年、一気に8割も増えた（8484件→15666件）。新潟市でいじめを発見するきっかけの7割以上（74・3％）は、アンケートなどを通した「学校の教職員等」によるものだった（2019年度）。

山田は「いじめ認知の増加は、学校・家庭・地域がいじめの定義を正しく理解し、〝どの学校、どの学級、どの子にも起こりうる〟という認識に立ち、いじめの兆候をいち早く把握する取り組みの成果だ」と強調した。

新潟市ではいじめを認知したら「即日対応」も基本にしている。積極的な対応は成果として数字にも出ている。新潟市の2019年度の「いじめ解消率」（認知したいじめのうち解消したケースの割合）は98・5％、全国平均の83・2％を大きく上回った。

文部科学省は、いじめが「解消している」状態を次のように定義している。少なくとも、「①いじめの行為が止んでいること（少なくとも3か月間）」、「②被害を受けた子供が心身の苦痛を感じていないこと」の両方を満たしている必要がある。そして新潟市では「重大事態」の件数も、一桁台の前半と極めて少ない状態を維持している。

岡山市と新潟市の〝認知力〟格差

一方、1000人あたりの認知件数が、2019年度、新潟市（259・3件）の23分の1と少なかったのが、岡山市（11・3件）だ。

いじめの発見については、新潟市とは対照的だ。7割以上（72・5％）は、被害者やその保護者からの訴え等を通した「学校の教職員〝以外〟からの情報」によるものだった。いじめを学校側では掘り起こせなかったのではないか。

岡山市の認知件数は、2017年度、1038件に増えたが、2019年度は622件とピーク時の6割に減っていた。一方、「いじめ重大事態」の件数は11件に上った。見逃されたいじめの芽が重大事態に進展していた可能性がある。

岡山市教委の指導課教育支援課長（当時）の渡邉裕一にも取材した。

いじめを見逃すことはあってはならないことであり、認知の遅れはいじめの深刻化を招くものであるため、いじめはいつでも起こり得るものとして、学校に対して、常にいじめを積極的に認知するよう指導していく必要があると考えています。今後も他市の取組等も参考にしながら、積極的認知が進められるよう、結果を分析し施策につなげてまいりたいと考えています。

岡山市では、もともと「いじめ」と認知されていなかったものが、不登校の末に保護者の「実は……」という報告で、いきなり「いじめ重大事態」とカウントしなければならなくなったケースもあった。

渡邉に岡山市での認知について聞くと、基本的には各学校のやり方を尊重しているとのことだったが、その結果、バラつきが出た可能性もある。

取材の際、新潟市教委の取り組みについて伝えると、渡邉は「素晴らしい」とも話していた。

そして、今秋（２０２３年）２０２２年度の調査結果を見ると、相変わらず新潟市は１０００人あたりの認知件数が２１９・０件と他を寄せつけず１位だったが、岡山市も改善が見られた。2019年度の11・3件から45・6件と、およそ4倍に増えていた。

「積極的な認知」をどう進めるか。文部科学省から具体的なやり方は示されていない。良い事例をもっと共有し、不適切な事例を検証する。いかにして対応の変化を促すか。国の役割が試されている。

文部科学省児童生徒課生徒指導室長（当時）の鈴木慰人に、認知力の格差について聞くと、

「教員によっては、未だに昔のいじめの定義のままで認知しようとしている場合もある。アンケートやヒアリングのやり方が下手な場合もある。そこは我々の反省点でもある。それらが格差の原因になっているのだろう」と述べた。

鳴門教育大学特命教授の阪根健二も、「地域によって対策の粗密があり、個々の教員のいじめに対する認知度も相違があると言える。そのため、保護者やメディアからの指摘を受けてから、慌てて介入する事例も少なくない」と解説する。

認知力の向上には、新潟市のように細かい配慮も必要だ。千葉大学名誉教授（教育

社会学）の明石要一は、たとえばいじめアンケート調査のやり方にも気をつけるべきだと指摘した。調査は一年間に数回は行い、記入は学校ではなく自宅で書いてもらう。また、アンケートの中身には記名してもらっても、回収の際の封筒には、生徒の名前を書かせない。匿名にして提出できるようにするという。

もちろん、こうしたアンケートなどでいじめを発見した場合、教員がしっかりと管理職にホウレンソウ（報告・連絡・相談）することが欠かせない。学校はきちんと対応してくれる。そんな信頼関係の積み重ねが認知力の向上にもつながるはずだ。

コロナ禍がもたらした〝いじめへの影響〟

２０２０年度は、コロナ禍による休校措置や部活動などの制限もあって、小中高校と特別支援学校でのいじめ認知件数は前年度に比べて15・６％、重大事態の件数も３割ほど減少した。

とはいえ様々な学校活動の制限は子どもたちが得られるはずだった学びの機会や経験が減少したとも言え、喜ばしいことではない。そして今気になるのはコロナ禍がもたらした影響の表面化と、その長期化だ。メンタル面での後遺症とも言える。

コロナ禍で全体のいじめ認知件数が減ったにもかかわらず、パソコンやスマホなどで、誹謗・中傷や嫌なことをされる「ネットいじめ」は増えていた。いじめの現場がスマホに移行したのだ。いじめはもともと見えにくいが、ネットいじめは、さらに見えにくい。

2020年11月、東京都町田市の小6女児のいじめ自死でも、学校で配布されたタブレット端末が使われていた。チャット機能で「うざい」「きもい」「死んで」などと書き込まれていたという。

ネットいじめは、「空間」では学校以外、「時間」では下校後や休日にも頻発する。そんなSNS上のいじめをどう早期に認知し、早期に対応するのか。保護者や教職員たちには、難しい課題が突きつけられている。子どもたちの表情から、何か困っていないかを見極めたいところだが、マスクでそれすら難しくなった。

コロナ禍による子どもたちのストレスは大きい。人と人との距離が広がる中、不安や悩みを相談しにくくなった。不安や悩みが従来とは異なる形で表れたり、それらを一人で抱え込んだりする子どもも少なくない。

長期欠席者を「コロナ」と決めつけて避けるなどのいじめもあった。コロナによる休校やコロナ対応での様々なストレスが学校全体を覆い、子どもたちや保護者、教職員のイライラが募っていたことも原因の一つと見られている。

教職員もコロナ対応に追われた。NPO法人「共育の杜」が2020年7月、インターネットでおよそ1200人にアンケート調査したところ、教員たちの窮状について、多くの報告が寄せられた。

たとえばある教員は、朝、いつもより1時間早く出勤し、換気のため教室の窓を開ける。登校してくる生徒が家庭で検温してきたかをチェックし、忘れてきた生徒に学校で検温する。

急ぎ足になりがちな授業では、感染予防のため、子ども同士の触れ合いも促せない。これまで褒めていた子どもたちの「教え合い」や「学び合い」にも、「近づきすぎ！何度言ったら分かるの！」との言葉が出てしまう。そんな状態では、教員と子どもたちの信頼関係も築きにくい。

疲れもたまり、子どもの話をちゃんと聞けなくなってくる。「先生あのね……」と声をかけてくれた子どもに、「ごめん、ちょっと密だから離れよう」と冷たくあしらってしまい自己嫌悪に陥った教員もいる。

アンケートでも、疲労やストレスなどで「子どもの話をしっかり聞けなくなる」と感じている教員は三人に一人（33・7％）いた。

元中学校教員で同NPO法人理事長の藤川伸治は、コロナ禍といじめの関係について、「子どもの話がちゃんと聞けないと、悩みを先生はキャッチできない。だから子どもたちはさらにイライラする。そのイライラをまわりの人たちかモノにぶつける。友達にぶつける際に、いじめが起こる」と説明する。

国立成育医療研究センターは2020年6〜7月、「コロナ×こどもアンケート（第2回）」を実施。全国の7〜17歳の子どもたち981人と保護者5791人に聞いたところ、7割（72％）の子どもが何らかのストレスを抱えていることが分かった。「集中できない」「すぐにイライラする」と答えた子どもは3割近くに上った。

調査を担当した国立成育医療研究センター研究員（小児科医）の半谷まゆみは、「これまで何か他のことでストレスを発散していた子どもたちがコロナ禍でできなくなり、いじめることでストレスを発散している。しかも普段、学校ではマスクを着けているので表情が見えにくい。誤解も生じやすい。お互いの変化に気付きにくい点にも注意が必要で、先生方はしっかり不安の声に耳を傾けてもらいたい。家庭では保護者も子どものイライラを注意しがちだが、子どもも理由があってイライラしていると理解して、やはり話を聞いてあげてほしい」と訴えた。

コロナ禍の影響は、収まりつつあるとはいえ、今も続いている。長い休校もあり、子どもたちの社会性を育む機会が損なわれた。そして大きいのはネットの過剰利用とマスクの着用だ。マスクを外して顔を晒して生活することに恐怖心を抱き、着用し続ける子どもたちも少なくない。子どもたちが遊ぶ場所や時間、仲間も感染予防を理由にますます限られ、ネット利用がさらに増えている。それらによるメンタルヘルスへの影響は今も続いている。

国立成育医療研究センターは２０２０〜22年に、小学5年生から中学3年生を対象にアンケート調査を実施。社会活動が正常化しても、「抑うつ傾向」を含むメンタルヘルスの問題ではあまり改善が見られなかったという。

半谷も指摘したように、子どもたちには、何かで思い切りストレスを発散させてあげたい。だが多くの子どもたちが外で遊んでいない実態が浮かんでいる。２０１７〜18年度にかけて、千葉大学の木下勇研究室が児童２９８６人を対象に調査したところ、小学生の7割以上が放課後に外遊びせず、１割以上が遊ぶ友達が一人もいない、と回

答した。[※8]

自然の中で思い切り、好きなように、仲間たちと身体を動かす、といった機会や時間を確保できるよう、私たちは、社会全体で努めなければならない。

過去最多を更新した「いじめ重大事態」

いじめの認知件数の増加は、「見逃すまい」とする学校現場の積極的な認知の表れだと評価したい。だが今、最も気にしなければならないのは、いじめ重大事態の増加だ。こちらは軽視してはいけない。

芽の段階でいじめを認知できず、または初期の段階で解消できず、子どもの生命や心身・財産に重い被害が生じるといった深刻な重大事態に陥るケースは、コロナ禍で一時的に減少したが、再び、増加している。

はじめにで述べた通り、2022年度、全国の小中高校と特別支援学校で、身体的被害や長期欠席などが生じた「いじめ重大事態」は923件で前年度から217件増え、過去最多に上った。この国では「深刻ないじめ」が、把握されているだけで毎日2・5件のペースで、新たに増えているのだ。

図1（再掲）　2022年度いじめ重大事態の発生件数

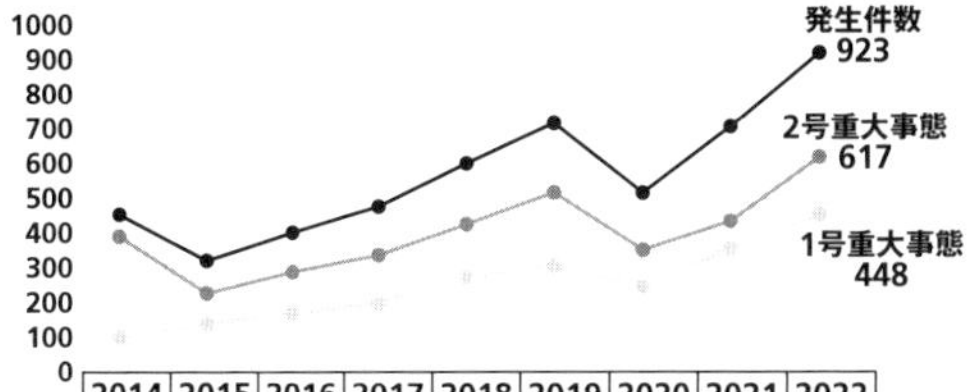

	2014	2015	2016	2017	2018	2019	2020	2021	2022
発生件数	449	314	396	472	598	716	512	706	923
1号重大事態	92	130	161	190	266	298	238	350	448
2号重大事態	385	219	281	330	420	513	345	429	617

＊「1号重大事態」……生命、心身、財産に重大な被害が生じた疑いがある。
＊「2号重大事態」……相当の期間、学校の欠席を余儀なくされている疑いがある。

重大事態には「１号重大事態」と「２号重大事態」がある。１号は、「いじめにより児童の生命、心身、または財産に重大な被害が生じた疑いがある」ケース。２号は、「いじめにより児童が相当の期間学校を欠席することを余儀なくされている疑いがある」ケースを指す。１号にも２号にも当てはまる場合、それぞれに計上される。

積極的にいじめを認知して初期段階で対応し、重大事態を一つでも減らす。そんな国の基本方針のもと「いじめ防止対策推進法」は２０１３年にスタートしたが、残念ながら肝心な重大事態の増加傾向が止まっていない。

文部科学省は、この増加傾向についても、「理解が進み、積極的な認定や保護者の意向を尊重した対応がなされた」と前向きな解説も加えているが、「認知や組織的対応に課題があった」点も認めている。

大きな理由の一つは、いじめの正確な認知が不十分なことだ。2018年、総務省が文部科学省に勧告した際にも指摘されていた。[※9]

60の教育委員会に調査したところ、「学校間で認知件数の格差がある」と8割近く（46教育委員会・77％）が回答。法の定義とは関係ない「継続性」や「集団性」といった要素で、勝手に限定して解釈したケースも少なくなかった。

「数名から下着を下げられてひどく傷ついた」と相談されたのに、〝単発行為で継続性がない〟として認知しなかった例もあった。こうした限定解釈による見逃しが、「重大事態」につながった恐れもある。

総務省が「重大事態」の66事案を検証したところ、8割（39事業・78％）は「冷やかし・からかい等」から発展したものだった。また半数以上で（37事案・56％）、いじめの認知等に係る課題があった。いじめの定義を限定して捉え、「悪ふざけ」や「じゃれあい」で問題ないと軽視したケースや、被害者本人が「大丈夫」と言ったので「いじめではない」と判断したケースもあった。初期の対応に問題があり、いじめ

図6　「重大事態」について重大被害を把握する前の対応状況
（2022年度〈令和4年度〉「文部科学省・問題行動調査」をもとに作成）

いじめとして認知していなかった 357件（38.7%）	いじめに該当し得るトラブル等の情報がなかった	206件（22.3%）	ステルス？
	いじめに該当し得るトラブル等の情報があった	151件（16.4%）	様子見？
いじめとして認知していた 566件（61.3%）	いじめの解消に向けて取組中だった	506件（54.8%）	状況悪化？
	いじめは解消したと判断していた	60件（6.5%）	再発？ 誤解？

対応のスタートに立てなかったことが、重大事態を招いていた。

重大事態の約４割は「認知すらしていなかった」

増加傾向が止まらない重大事態をどうするか。

文部科学省は、２０２１年度の問題行動調査から「重大な被害を把握する以前のいじめの対応状況」を分析し、公表し始めた。予防策を考えるうえでも重要な視点だが、メディアではほとんど報道されなかった。最新の２０２２年度版の数字で見よう（図６参照）。

２０２２年度、９２３件に上った重大事態は、大きく二つに分けられる。そもそも「いじめ」として認知していたかどうか。重大事態の約４

割（357件）は、いじめとしてすら認知していなかった。

しかもその約6割（206件）は、「いじめに該当し得るトラブル等の情報がなかった」。重大事態全体でいえば約2割は、探知レーダーにもひっかからない、いわば「ステルス型」で密かに進行し、いきなり重大事態として認知されたと見られる。

文部科学省によると、何の前触れもなく、いきなり加害者が刃物を取り出して脅すなど、重大事態の定義に当てはまるようないじめが勃発したケースも中にはあるという。とはいえ多くは学校関係者や保護者も含め、誰にも気付かれないままにいじめが始まり、深刻化して初めて表面化したのではないだろうか。

そして全体の16・4％に当たる151件の重大事態は、「いじめに該当し得るトラブル等の情報があった」にもかかわらず、いじめ認知をしていなかった。学校が様子見をして対応を留保する中で深刻化してしまった「様子見型」と言えそうだ。

教員があまりに多忙で、トラブル情報に気付けなかったのか。気付かないふりをしたのか。勝手に「好転するだろう」と思い込んでしまったのか。さらなる詳細な分析と対策が求められる。いずれにしても、真っ先にゼロに減らしていきたいケースだ。

一方、いじめ重大事態になる前に、「いじめとして認知していた」ケースは全体の

6割超に上った（566件）。そのほとんど（506件）は、「いじめの解消に向けて取組中だった」。つまり「状況悪化型」ともいえるもので、認知をしていたのに状況が悪化したケースが多かったと想像できる。

重大事態の半数超は、いじめ行為が何らかの形で継続していたか、あるいは、いじめがなくなったと思われてから3ヶ月以内の再発によって重大化したということだ。

そして、いじめとして認知しながら重大事態になったうちの60件（全体の6・5％）は、「いじめは解消したと判断していた」ケースだ。いじめ行為が3ヶ月以上、やんでいると思われたのに、再燃あるいは見えないところで継続し、「重大事態」になってしまった。水面下で継続しているにもかかわらず学校側が見逃したか、再発はしないと思い込み、その後の確認や対応が甘かった可能性もある。

今、学校のいじめ対応をめぐって、不適切な〝謝罪の会〟の存在が指摘されている。加害者と被害者がある日、教員に急に呼び出され、いじめがあったことを確認させられる。教員から「どうするの？　ほらっ」などと促され、加害者が上っ面だけで「ごめんなさい。もうしません」という謝罪と反省の言葉を口にする。真の反省もないまま握手をさせられる。学校側は、それで済んだことにするケースが少なくないのだ。

被害者の気持ちに本気で寄り添い、心の底から反省できたら、いじめを繰り返すことはなくなるはずだが、それが不十分なため繰り返してしまう。場合によっては「お前、チクったな」と〝謝罪の会〟をきっかけに、より見えないところにステージを移して、いじめが悪化するケースもある。

文部科学省は今後も毎年、重大事態の「以前」の状況について公表するとしている。児童生徒課生徒指導調査官の井川恭輔は「重大事態がなぜ発生したのか。深掘りしていくことが大事だ」と述べている。

2023年4月からは、「重大事態」の国への直接報告も始まった。文部科学省は、全国の教育委員会にそれとあわせて詳細な報告書の提出も求めている。

国が重大事態の報告書を集約し、どんな要因が発生につながったのかを精査し、共通する要因を整理する。そしてその知見を再発防止策や未然防止策の改善につなげる。重大事態への対応の地域格差も指摘される中、地方それぞれに任せておけないという緊迫した状況の裏返しでもある。

文献・資料

1　TBS『ザ・フォーカス～いじめ予防～』note記事

2　『毎日新聞』2023年6月21日

3　「いじめ追跡調査 2013-2015」国立教育政策研究所 生徒指導・進路指導研究センター

4　「いじめ追跡調査 2016-2018」国立教育政策研究所 生徒指導・進路指導研究センター

5　兵庫県立大学 准教授 竹内和雄「ネットいじめの未然防止及び解決に向けた指導と対応：校内研修シリーズNo.45」独立行政法人教職員支援機構、2019年1月17日〈https://www.nits.go.jp/materials/intramural/045.html〉（参照2020年10月1日）

6　「いじめ問題に関する研究報告書」東京都教職員研修センター、2014年2月

7　「いじめ防止対策の推進に関する調査 結果報告書」総務省行政評価局、2018年3月

8　「どうなる外遊びの未来⁉」資料、日本学術会議・公開シンポジウム、2019年6月

9　「いじめ防止対策の推進に関する調査 結果に基づく勧告」総務省、2018年3月

第2章 これからのいじめ予防対策

いじめに巻き込まれる子どもたちをどう守るか

ここまでいじめの現状と対策の課題を見てきた。ここからは予防策について。子どもや家庭といった身近な視点から教員や学校、そして最後は社会のあり方にまでズームアウトしながら、問題を幅広く捉えていきたい。

〈子ども・家庭〉

スマホ依存が重大な事態を招くことも

まずは今、急増中のネットいじめについて考えたい。スマホは子どもたちにとって面白いだけではなく、学校生活での様々な連絡や人間関係維持のためにも欠かせないツールだが、目が覚めている間中、スマホが手放せないような依存状態に陥るケースも少なくない。

実は、そんなスマホ依存を予防することが、いじめ予防にもつながるという指摘がある。

今や子どものスマホのやりすぎが気にならない親はいないのではないか。子どもたちの視力低下は深刻で、2022年6月に公表された文部科学省の調査では、視力

0・3未満の割合が中学3年生では3割になった。

２０２３年1月には、静岡県牧之原市で40代の母親が13歳の娘に刺されて死亡した事件があった。娘は、母親からスマホの使いすぎを指摘されたことがきっかけで口論となり、突発的に母親が寝ているところを包丁で襲った可能性があることが分かった。

子どもがスマホばかり見ている……。そんな悩みを持つ保護者は多い。言ってもどうせ聞かない、機嫌が悪くなる、逆上される、などの理由で、注意することすら諦めた保護者もいる。スマホとの賢い付き合い方を、どう教えていけばいいのか。

『報道特集』で２０２１年12月に放送した「スマホ依存の子どもたち」では、コロナ禍で深刻化したスマホ依存からの脱却を目指す夏のキャンプを密着取材した[※1]。

取材した親子は、牧之原市の事件を「他人事ではなかった」と振り返る神戸市の神木三樹子と希（当時13歳）だ。母親の三樹子は希のスマホの過剰な使用に悩んでいた。

希が「スマホを買って」と両親にねだったのは小学6年生のときだった。「夜9時までには使い終えて、スマホはリビングに置いておくから」。そんなルールを申し出たのも希だった。だが購入後、「授業に使うから……」などと言って、ルールは蔑ろにされていった。

ある夜、希が寝ている部屋を母親が見にいったところ、小さな明かりが枕元にあった。電気をつけると、やはりベッドでスマホを使っていた。

母親「希、何してんの？」
希「友達としゃべってんの」
母親「時間見てごらん？　ルールは？」
希「30分ちょいだけやん！」

母親は冷静さを失わないように心がけていても、次第にヒートアップしていく。「何やってんの⁉」「いつまでやってんの⁉」。言葉はだんだんきつくなる。売り言葉に買い言葉。希も「友達のところ（家）はもっと緩いのに！」と反論する。そんな日々の繰り返しに母親はうんざりしていた。

その頃、母親が地元紙で見つけたのが、兵庫県などが主催する、脱スマホ依存の「人とつながるオフラインキャンプ」の記事だった。夏休みの5日間を、ネット環境が極めて悪い瀬戸内海に浮かぶ島で、スマホ依存などの子どもたち20人が大学生ボランティアや専門家らと過ごし、ネットとの付き合い方を見直す。

希も、母親の提案に同意した。実は、スマホをやめたくてもやめられない状況に希も疲れ始めていたのだ。

「夜、何時になったら友達に事情を言ってLINEを抜けようと思っていても、時間になったら、あと何分、あと何分って、どんどん延びていく感じがする。抜けづらい。やばいっていう気持ちと楽しいっていう気持ちが混ざるから、どんどん疲れていくかなと思う」

脱スマホ依存キャンプを企画したのは、若者のネット環境に詳しい兵庫県立大学教授の竹内和雄だ。

キャンプが始まると、参加者は毎日2回、竹内教授と個人面談をする。希は、友人関係もあってなかなかLINEがやめられないことを相談した。この悩みは多くの子どもに共通しているという。竹内は希に二つの方法を提案した。

一つは「鬼ばば作戦」。夜、決められた時間になったら、LINEで友達に「ごめん。1時間経ったからお母さんが怒ってきた～」と書き込んで会話から抜け出す方法だ。

もう一つは「フロリダ作戦」。「ごめん。お風呂に入らなきゃいけないから」と表明して会話から抜ける（離脱する）「風呂離脱」作戦だという。

キャンプで習得するのは、こんな小手先のテクニックだけではない。スマホ依存からの脱却には、生活を根本から変える必要があり、二つのポイントが強調されていた。

一つは、「リアルの世界の楽しみを知る」こと。キャンプでは料理・釣り・カヌーなど、ネットの世界にはない楽しみに浸る。実は、この島のキャンプ場にはWi-Fiが整った「スマホ部屋」があり、子どもたちも1日1時間は自由に使えるルールだ。だが希が訪れたのは初日だけ。LINEをしたくなる気持ちと葛藤しながらも、リアルの楽しさに目がひらかれていったようだ。

もう一つは、「ネットとリアルそれぞれの目標設定」だ。たとえばネットの目標では、「夜10時にスマホはやめる」などを自分で決める。またリアルでも学校生活や将来など、何らかの目標を決める。リアルの目標が何かあれば、ネット依存から脱却しやすくなると竹内はアドバイスする。

ネットとリアル、二つの目標は、似た境遇の子どもたちとの話し合いや、メンター役の大学生スタッフや竹内との個人面談を重ねながらじっくり検討していく。大学生スタッフとの面談では、大学生が「ＬＩＮＥかぁ。楽しいもんね〜。私もね……」などと、子どもたちに共感しながら話す姿が印象的だった。

似た悩みを持つ子どもたち、そして、ついこの前まで似た悩みに向き合っていた〝お兄さん〟〝お姉さん〟の大学生たちとの話し合いは「自分を見直す」ために有効だとキャンプの運営にも協力する神戸大学教授（精神科医）の曽良一郎は言う。

「こうして集まってお互い相手の中に自分を見るような機会は貴重です。自分の行動や考え、感じていることを、ちょっと離れたところから客観的に冷静に見られるようになる。集団精神療法の発想です」

参加者は自らを見つめ直しながら決めたリアルとネットの目標を、キャンプの最終日、ゲストとして離島に呼ばれた保護者たちの前で一人ずつ発表する。希も全員の前でスマホ使用時間の制限と「薬剤師になる」という将来の目標ことを宣言。拍手を浴びた。

希は、このキャンプをきっかけにスマホ依存からの脱却に成功した。キャンプでは魚釣りなどでリアルの世界の楽しみ方を実感。スマホの使用時間もコントロールできるようになった。

さらに大きかったのは、キャンプでの話し合いを重ねるうちに、積極的に発言できるようになり、「ありのままの自分で話せる」自信がついたことだった。

キャンプを終えた数週間後、希の自宅を訪ねた。すると、たしかに目標通り、夜10時までにスマホを終わらせていた。友人たちには「お風呂に入るね」と自分からLINEで伝えられるようになった。

スマホは夜、母親に預け、充電も母親の寝室でしてもらう。生活習慣は劇的に改善された。「薬剤師」という夢に向かって、勉強にも力が入るようになった。

竹内は言う。「キャンプは万能ではありません。何かのきっかけをつかめれば成功しますが、目標が高すぎて失敗し、キャンプから2ヶ月後のデイキャンプで修正を余儀なくされる子もいます。何度も夏のキャンプに参加して、ようやく脱却できた子どももいます。ネット依存からの脱却は簡単ではありません」。

スマホ購入時にルールを話し合う

竹内は、キャンプに参加しなくても、できる対策はあるという。まずはスマホ購入時のルールの設定だ。親子で決める。その際、親から押しつけるのではなく、丁寧に話し合い、一緒に決める。押しつけられたルールは破りがちになるからだ。

その後のルール変更においても、親子の話し合いが必要だ。子どもはスマホで、一体、どんなアプリを使い、どんなゲームをやっているのか。親もだいたい理解しておきたい。子どもにも言い分がある。頭ごなしに叱るのではなく、聞く耳を持つ姿勢が大事だという。

たとえば、子どもたちがよくやるゲームは１試合に20～30分かかり、時間が来ても急にはやめられないことが多い。そこで「最終ゲーム」を始めてもいい時間を家族と決めておくことを勧めている。

高校生は、保護者の指示をなかなか聞かなくなる。効果的なのは、友達同士や学校の生徒会などでの話し合いを経ての共通のルールだという。

今、スマホの低年齢化も進んでいる。ＭＭＤ研究所によると、２０２２年以降に子どもに初めてスマホを持たせた親への調査では、過半数（51％）が小学生のうちにスマホを持たせていた。

そのため竹内は、最初のトレーニングや習慣づけが大事だと強調する。

「保護者と30分、一緒にＬＩＮＥやメールもやってみる。風呂に入ったらもう使わない。スマホを寝室に持っていかない。そういう習慣づけが最初の段階でできると、中学生や高校生になっても、子どもはスマホと適度な距離をとってコントロールできるようになります。たとえば自転車に乗るには、まず三輪車、そして補助輪つきとなる。いきなり大型バイクは無理です。子どもは制御できず、夢中になって長時間使い続けてしまいます。子どもは次々と勝手に自動表示される関連動画をやめられない。付き合い方のトレーニングや学習が重要です。保護者は子どもに根気強く向き合って、使用時間を守ったら『頑張ったね』などと褒めながらスマホと賢く付き合う方法を一緒に探ってほしいですね」

子どもたちにスマホとの付き合い方をどう伝えればいいのか。まだ答えはない。どれだけ自分を制御しながら使うことができるのか。一人一人の子どもの個性にもよる。分かりやすく言えば、個性もあって「ドはまり」してしまう子どももいる。そのため、使い方についても、子どもたちに一斉に一律に指導できるものではないのかもしれない。それぞれの家庭の方針も異なる。それでも研究者を含めた大人たちが子どもたちに様々な角度から問いかけ、対話を続けるべきだろう。

いじめが心配な「ネット4時間以上」利用者

竹内らが、東京都世田谷区の小中学生、約3万4000人に聞いたアンケート調査（「世田谷区・生活アンケート2023」）がある。インターネットの使用時間を聞くと、中学生の約2割が一日に「4時間以上」接続していた。彼らは、「ネットに夢中だと感じる」や「（ネットの）中止を試みたがうまくいかないことがたびたび」などの項目への回答から、ネット依存傾向がある子どもたちが多い。

竹内は、「4時間以上ネット接続」の子どもたちに注目した。すると、たとえば夜12時より遅く寝る「4時間以上」の子は4割近くいて、それ未満の子の2・6倍もいた。

また「4時間以上」の子は、「よくイライラする」と回答した割合も、それ未満と比べて12・5ポイント高く、三人に一人は、「よくイライラ」していた。

それだけではない。「ネットでケンカ」したことがあるか聞いたところ、「4時間以上」の子は、それ未満の子の2・4倍。やはり三人に一人（32・4％）もいた。

竹内らは、2022年、兵庫県明石市の小学4年生から中学3年生までの児童2万3620人にもアンケート調査を実施。「1日5時間以上」ネットを使用する子は、

「何度もいじめ加害をした経験がある」と答えた子どもが41・7%に上った。

竹内は「スマホ依存からの脱却は、実は〝いじめ予防〟対策でもあるのです」と語る。

アメリカの精神科医、V・ダンクリーも、長時間のスクリーンタイムによる子どもへの悪影響に強い懸念を持っている。長時間のスクリーンタイムによる過覚醒で、気分・不安・認知・行動に関する様々なメンタルヘルスの症状、「デジタルスクリーン症候群」を引き起こし、子どもの場合の典型的な症状として、イライラ・気分の急変・欲求不満への耐性の低下・無秩序な行動・反抗的な行動・社会的未熟さ・不眠症などがあるという[※2]。

いじめとスマホ依存についてダンクリーに直接聞くと、次のような回答があった。

「もちろん、デジタルスクリーン症候群やスマホ依存の予防は、いじめの予防に大いに役立つと思います。というのも、スマホを持つこと自体に、他人をいじめたり、いじめられたりするリスクがあるからです。また、厳しいスマホ使用の制限によるデジタルデトックス（解毒）を行うことで、感情や衝動性がコントロールできるようになり、幸福感が改善することも事実です。さらに、デジタル上の交流を減らすことで、人と人とのリアルの交流、アイコンタクトや口頭での会話、ボディランゲージを使ったやりとりが増えることにつながります。これらはすべて共感性を育むのに役立ちます。他の人の心の状態を分かったり感じたりする共感性は、オンライン上でもリアルの世界でも、健康的なやりとりをするうえで重要な要素です」

ダンクリーも、デジタルデトックスを強く推奨し、キャンプなどを通して緑の中、日差しを浴びて運動することの大切さなどを説いている。スクリーンを使わないでいると、数日後には気分や態度が改善され、よく眠れるようになるという。

こうしたキャンプなどを通して、より多くの子どもたちにスマホ依存からの脱却のきっかけをつかめる機会を提供できるよう、国も大人たちも協力が必要だ。スマホ依存からの脱却が「いじめ予防」にもつながるなら尚更だ。こうした多様な側面から、子どもたちの未来を支え続ける仕組みが求められている。

家庭で大人が意識すべきこと

家庭でできるいじめ予防、他にはどんなことを考えておくべきなのか。

岡山市にある「青山こども岡山北クリニック」の小児科医・浦山建治は日頃の身近

な大人の対応について、次のように問いけている。

「保護者や教師など身近な大人の意見を、ある時期までの子どもたちは意識することなく無批判に受け入れてしまいます。だから大人が他人について表現する際には細心の注意が必要です。批判やからかいの場面をテレビなどで子どもに見せてしまうのなら、〝これを直接誰かに伝えたらいじめになるね〟とか、〝実際にやったら暴力につながるね〟というところまで説明する必要があるのではないでしょうか。もう一つ思うのは、身近な大人は、子どもの話をしっかり聞く必要があるということです。大人は、子どもの気持ちや考え方を知る機会を増やす必要があると思います。それができれば、小さなほころびのうちに見つけることができると思いますので、予防につながるのではないでしょうか。つい、大人は何かしながら話を聞いてしまいますよね。これを極力減らす。すると子どもたちは、ちゃんとメッセージを常に受け止めてもらえるなと感じ、SOSを含めていじめなどの事態を伝え、未然に防ぐチャンスが増えると考えます」

子育てをする中で私も実感しているのは、意外なほど子どもたちは大人の話を聞いているということだ。夕食後の何気ない私たち夫婦の会話を寝っ転がって聞いているなと思っていたら、数日後の作文にその内容が盛り込まれている、ということもある。ほろ酔いでテレビを見ながら差別的な発言を続けている家庭があれば、子どもにその姿勢が移り、いじめ加害につながるかもしれない。大人の普段の言動が、いつの間にか子どもに影響する可能性にも留意したい。

子どもたちの話にしっかり耳を傾けるというポイントについては、『ビジネスモデル全史』など多数の著作があるＫＩＴ虎ノ門大学院教授の三谷宏治も、強調している。「いじめは被害者も加害者も〝嫌な思い〟を抱えていることがポイントです。それをきちんと相談される大人にならなければなりません。この人に相談したら悪いことにはならないという信頼。決して自分を騙したり裏切ったりしないという信頼。このことで自分を嫌ったりしないという信頼。それがなければ、嫌なことの相談なんてできません。信頼は小さなことの積み重ねで築かれていきます。子どもとの小さな約束を守る。もし守れなかったらちゃんと理由を言って謝る。子どもが何か話しかけてきたら、仕事の手を止めて、しゃがんで目をあわせて、最後まで遮らずに聞いてあげる。もし忙しいのなら〝何分待って〟と伝える。必要だと思ったら即座に行動する。内心嫌だな、面倒だなと思っても、そんな躊躇を見せない。そういう小さなことの積み重ねで信頼は生まれます。ただそれを一瞬で崩すのがウソをつくこと。だから子どもに絶対ウソをつかない。ヒミツはいいけどウソはダメです。そうやって築かれた信頼が、あなたの子どもを守ります。いじめの被害者としてがまんし続けることや、巻き込まれて加害者になってしまうことから」

三谷が言う通り、たしかに大人と子どもの日常の関係性づくりは重要だ。基本は子どもの話をよく聞くこと。そのためには親も意識して時間を確保しなければならない。共働きなどで多忙な両親が増える日本では、簡単なことではない。だが、そうした関係があれば、子どもたちのSOSを受け止めやすくなる。いじめ被害を認知しやすくなり、学校に組織的な対応を求め、深刻化を食い止めやすくなる。こうしたポイントもいじめ予防には欠かせない。

いじめや自殺を含めた様々な社会問題の予防にも取り組む公衆衛生医の岩室紳也も、いじめをなくすことは簡単ではないが、いじめが深刻化し、最悪の事態を招かないよう、大人は考えておくべきことがあるという。

岩室が着目したのは、「いじめに遭遇したときに乗り越えられる人と乗り越えられない人の違い」だ。

そこで示したのは、ピラミッド型の図でおなじみの「マズローの欲求5段階説」だ。通常は、食料や水などを求める「生理的欲求」がベースにあり、その一段上に「安全の欲求」があり、その上にあるのが「社会的欲求」と説明されている。さらに上段にあるのが「承認欲求」で、最上位の「自己実現の欲求」へと続く。

だが岩室は、ここには〝誤訳〟があると述べる。

まずタイトルにある「欲求」は、もともとは「needs」であり、正しいタイトルは「人が必要としていることの階層」と訳すべきだという。他にも、一般的には「社会的欲求」と訳される「Belongings/Love」は、「所属／愛が必要」と訳すべきだという。

岩室が何を言いたいのか。ポイントは、このLoveだ。Loveが日本語に最初に訳されたときは「御大切・大事」だった。人が必要とする大切な要素として挙げられるのは、「自分を大切に思ってくれる人」で、そのような人が少なくとも存在すること。人が必要とするLove、つまり自分のことを「御大切・大事」に思う人がいれば、被害者は乗り越えやすくなり、加害者はその卑劣さに気付きやすくなると岩室は考えている。
こうしてあえて幅広い分野の専門家に「いじめ予防」のアイデアを聞くと、家庭でも色々とできること、意識すべきことがあると気付かされる。

〈教員〉

今度は、教員に視点を移して「いじめ予防」を考えよう。まず挙げたいのが教員のブラック勤務問題だ。いじめの芽を摘み、重大事態への深刻化を防ぐためには、心身ともに健全な教職員による的確な「いじめ認知」や「対応力」が不可欠だが、その大前提が揺れているのだ。

教員のブラック勤務問題

「もう限界です……」。教員のそんな悲鳴が校長に届かなかったブラック勤務について、2022年2月12日、『報道特集』で放送した。[※3]
取材したのは、2017年に時間外労働が平均で月約120時間に達し、適応障害を発症した大阪府立高校の教員・西本武史。西本は大阪府を相手どり、230万円あまりの賠償を求める裁判を起こし、2022年6月、大阪地裁は管理職が「抜本的な業務負担軽減策を講じなかった」として訴えを全面的に認めた。

西本は、1ヶ月の残業時間が最大で155時間と「過労死ライン」とされる80時間の2倍近くに達し、5ヶ月の休職を余儀なくされた。学校側は「心身の不調に気付かなかった」などと主張したが、西本は当時の校長にメールで「もう限界です」などと直接、窮状を訴えていた。

当時の勤務状況について西本は、「寝るのが午前2時とか、そういう感じでした。朝6時台に起きて、学校に行く生活をしていたので、体がきつくてもう休みたい。休みたいけど、休みがない。休みがとれない、という感じでした」と振り返る。だが、窮状を訴えたあとも、業務は改善されなかったという。

「結構、終電で帰る日もありました。終電で駅のホームで電車を待っていると、フラフラッと飛び込んでしまいそうになる感覚がありました。なんか早く楽になりたいという思いが強かったですね」

27歳で自ら命を絶った福井県若狭町立中学校の教員・嶋田友生のケースも取材した。

嶋田の月の残業は、「過労死ライン」のなんと2倍以上、最大で169時間に上っていた。初めてのクラス担任や、競技経験のない野球部の副顧問に加え、問題生徒をめぐる複数の家庭への対応も長時間勤務の背景にあったという。

父親の富士男は、「他の先生たちも、もう手一杯の状態だったんです。20人ほどいる教員の集団が、息子の変化に気付かなかったんです。それっておかしいですよね」と憤る。

嶋田の死は公務災害として認定され、裁判では福井県と町に6540万円の賠償が命じられた。判決では、「校長が長時間勤務を把握しながら、早期帰宅を促す等、口頭での指導だけで、業務内容を変更しなかった」として、学校側の過失を認めた。

富士男は、ブラック勤務の諸悪の根源は1971年にできた「教員給与特別措置法」、通称「給特法」にあるとみている。教員の仕事の特殊性を考慮して給与の4％を上乗せするかわりに残業代を支給しないと定めた法律だ。「4％」は半世紀も前の残業状況を反映させた数字で「定額働かせ放題」と批判されている。

1966年には小中学校教員の平均残業時間はたったの8時間だったが、2016年は小学校教員で59時間、中学校教員で81時間に増えた。まさに桁違い。残業はこの半世紀で約8倍にもなったのだ。この時代遅れの給特法が、管理職にコスト意識を失わせ、勤務管理の甘さを生んでいる。

番組では、ブラック勤務の解消に乗り出した自治体も取材した。
嶋田が亡くなったことなどを受け福井県は、給特法の改正を国に要望。県独自の取り組みも始めた。原則週一回の「ノー残業デー」や、印刷などを手伝う支援スタッフを導入。残業時間を増やす大きな要素となる部活動では、たとえばある学校に20人の教員がいれば部活動を10に減らし、顧問を二人ずつにした。
県内の意識改革は少しずつ進んでいる。坂井市立三国中学の英語教諭、江澤隆輔は、授業でデジタル教材などＩＴをフル活用。リモート会議を増やす提案をするなど、地道な努力を続け、ほぼ定時での帰宅を実現している。

ブラック勤務解消への取り組みは、福井県だけではない。茨城県守谷市は、市内すべての小学校でカリキュラムを大きく変更した。3学期制を2学期制にし、夏休みなどを数日削って、6時間授業の日を週4日から2日に減らした。また市の独自の予算をつけて、高学年の理科・音楽・図工の3教科で専科教員を配置した。毎日に〝余裕〟を持たせた結果、たとえば守谷小学校では教員の平均残業時間が64時間から31時間と半減した。小学6年生の担任教員の言葉が忘れられない。

「心の余裕ができた。自分がバタバタ焦っていると、子どもに厳しく当たったりするので、（働き方改革は）子どもたちにも還元されているのではないか」

放送した際、私もスタジオに出演し、「先生たちが心身ともに健やかであることは重要だ。いじめ対策でも、ブラック勤務で疲れきった先生が適切に予防したり、対応したり、できるはずがない。ひどいケースでは〝楽しよう〟と、見て見ぬふりをするのではないか。まずは何よりブラック勤務の解消からだ」と述べた。

いじめ予防の観点からも、ブラック勤務の解消は重要だ。教員たちの心と体に余裕がなければ、子どもたちへの丁寧な対応、適切な対応は望めない。

そんな状況を表す調査結果もある。名古屋大学教授の内田良らが2021年秋、全国の小中学校の教員924人に学校業務の実態について聞いたところ、現職教員の三人に二人が、「過去2年間に辞めたいと思ったことがある」と答えた。持ち帰り仕事を含めた平均残業時間は、小学校で98時間、中学校で114時間で、過労死ラインをゆうに超えていた。

また7割以上が「いじめを早期発見できているか不安だ」と答えた。長時間労働の教員ほど、「早期発見できているか不安だ」と答える割合が増えていた。

そして6割以上が「準備不足のまま授業に臨んでしまっている」と答えた。楽しく分かりやすく学べる授業は学校の「肝」だ。子どもたちが生き生きと元気に楽しく学校に通えることは、いじめ予防にもつながる。

いじめ予防のためには、対応が適切にできる有能な教員たちが次々と新たに教育現場に参入してもらうことも重要だ。ところが、ブラック勤務もあって、教員を志望する学生は減っていて、教員の「質の維持」が課題になっている。

文部科学省によると、公立の小中高校、特別支援学校などの教員採用倍率は低下傾向にある。2021年度に全国で実施された採用試験では全体で3・7倍、小学校は2・5倍でいずれも過去最低だった。

全国で教員不足の問題も顕在化し、政府・与党も重い腰を上げようとしてはいるが、どこまで動くのか。先は見通せていない。

「給特法」の抜本的な改正について、放送の直前、文部科学省に聞くと「2022年度の勤務実態調査を見て検討する」との回答で、結果はコロナ禍の影響で残業時間は減っていた。だが内田らの調査では、公立小中学校の教員の六人に一人が、勤務時間の記録を少なく書き換えるよう求められたと答えていた。土日の勤務を正確に申告していない教員も少なくなく、勤務時間の正確な把握が機能していない恐れもある。

官僚や国会議員たちは数字だけを見るのではなく、現場の窮状を見て、教員らの悲痛な声に耳を傾け、根本的な解決策を探ってほしい。繰り返すが、教員のブラック勤務は、〝いじめ対応力〟の低下に直結する。

教員の「個業世界」の見直しを

いじめ予防のためにも教員の勤務状況の改善は必須だが、教員の側にも意識を高めてもらいたいポイントがある。森田洋司が訴えていたのは、〝チーム学校〟としての対応の強化だ。

いじめが増える中、一人の教員で対応するのは難しく、チームで対応しなければならない。徹底した組織的対応のために、教職員たちはこれまでの教職観、「先生のお仕事」を、改めて考える必要があると述べていた。

教員の仕事の特徴は「個業」で、たしかに、それぞれの創意工夫は大切だが、「個業」にゆだねすぎると、教員間の能力・資質の差が開きやすくなる。教員それぞれの能力や資質は、場面や教科によっても凸凹がある。いじめなど生徒指導の面で見ると、差がさらに表れる。

いじめ対策では「気付き」が大事だが、教員採用試験では、気付く感度の鋭さ鈍さの判断は難しく、気付きの鈍い教員が担任になると、大変なクラスになる場合もある。小中高校、特別支援学校の教員は、全国に約100万人（2023年度）。様々な教員がいるのも当然だ。

だからいじめ対策は、「補い合い」が重要になる。学校全体、学年全体、あるいは学級にかかわっている様々な教員と協力しながら「気付きの力」を上げる。

「個業」にこだわると、「他の先生に助けてもらうのは、お互い忙しいのに悪いな」と思ったり、「担任だし自分の責任でカバーしなきゃな」と思ったりしがちになる。

先述の鳴門教育大学特命教授の阪根健二も、いじめ対策でネックになるのは、「いじめを認めると自分の汚点（マイナス評価）になる」という教員の感覚だと述べた。教員は「自分の教師力が試されているのにいじめなんて出せない」という精神構造があって、それが落とし穴になりがちだという。

そこで阪根は講演などで、教員たちに「自分のクラスでもいじめは起こりうると認めることから始めてほしい」と強調している。真摯に向き合うことから逃れると端緒を逃し、解決のチャンスを逃すことになる。いじめは「出たら恥」なのではなく、「隠しているのに出たら恥」だと伝えているそうだ。

いじめは学校全体で取り組む時代になった。「個業」にこだわっていてはいけない。

徹底した組織的対応と「同僚性」

いじめ問題だけではない。不登校や暴力も、重層化・多様化・潜在化が進んでいる。だからこその〝チーム学校〟で、「個業」の発想を見直さなければならない。

教員の間で気楽に「これどうしよう」「これ助けてよ」という会話が成立する。そんな場があれば、組織は機能する。「同僚性」と言われるものだ。

特に、現代のいじめのような不確実なもの、不確定なわけのわからないものに立ち向かうには、同僚性が重要だと森田は強調していた。

ある学校の校長は、職員室の机にはパソコン以外は、何も置かないよう指示した。

すると書類の山が消え、「あれどう？」「ちょっと分からんなぁ」「どうやろう？」と会話が成立しやすくなったという。働く環境にも工夫をすることで同僚性は高められる。

同僚性があれば、教員同士、機転を利かせて普段から助け合ったり、支え合ったりできる。

先述の森田智博も、教員間の連携、そして管理職が連携のための適切な環境をつくることの重要性を指摘する。

コラム② 抱え込まない組織づくりを

森田智博（弁護士）

私が考える組織的な対応とは、まず個々の教師の責任や限界を明確化し、その責任や限界を超えたところに連携の必要があると意識することが必要となります。

サッカーや野球などのスポーツで言えば、自分のポジションをしっかりと意識し、そのポジションについては責任を持って対応するが、そのポジションを超えた部分については決して出しゃばらないようにしつつも、声掛けをしたり、バックアップに回ったりする。うまいピッチャーでも外野まで出しゃばってはいけません。

他者に押し付けることや責任逃れが連携でないのは明らかですが、抱え込みや頑張りすぎによって他者に頼れないことも連携ではないと理解しておく必要があります。これらを個々の教師が理解しておく必要があります。

管理職の役割も重要です。学校は会社など他の組織とは異なり、原則として管理職が校長と教頭の二人しかおらず、管理職の数が少ないという特色があります。校長は対外的な役割も多いため、現場をマネジメントするのがほとんど教頭一人ということもあります。そのため教頭が連携を正しく理解しておらず、連携を前提として、決して出しゃばりすぎることのないように各教員の支援を行えないと組織が機能しなくなります。

たとえば教師数人でいじめ対応への会議を行ったとします。その会議で特定の教師に「ではC先生、この問題への対応をお願いします」といった発言や決定があったとします。これは連携ではなく、仕事の放り投げです。

この場合、「C先生はA君の教室内での行動をチェックしてください。教室外の行動については目にした先生がチェックすることにしましょう。チェックした状況については共有し合い、抜けている部分がないかを一日に一回確認しましょう。その情報の共有の確認と分析についての確認は私がします。その分析については B先生に検討してもらい足りない点がないかをチェックしましょう。

かなりC先生の負担が大きいので、D先生はC先生に声掛けをして、負担がかかりすぎていないかチェックしてください。C先生の負担は本当に大きいと思いますから、自分では十分できていると思っていても足りない点も出てくるかもしれません。その場合はC先生が悪いのではないですから、周りに助けを求めましょう」などという発言や決定がなされることが望ましいと言えます。

年々、教頭となる教師の年齢が若返っており、わずかな学校しか経験したことのない教頭もいるようです。そのため校長は、抱え込みなどで教頭が他の教師とうまく連携できていないのではないか、校長自身が教頭と連携できているかを常に確認しておく必要があります。また教頭の他にもベテラン教師の役割も重要になります。教師が忙しいことは理解できますが、若手の教師がベテラン教師に相談しても冷たい対応をしたり、ミスを報告しても頭ごなしに叱ったりするような雰囲気の中では他者に頼りたくても頼れず、連携は不可能です。

"チーム学校"不在で見逃されたいじめ

いじめ予防のためにも組織的対応は極めて重要だ。重大事態に相当するいじめが発生したある小学校の校長を取材すると、やはり「情報共有の遅れ」を認めた。

「迅速な対応とか、教師として学校としての判断が遅れてしまったところにいじめにつながった一番の原因がありました。あとから聞いてみると、被害児童の表情がある日、暗かったとか、そういったキャッチすべき情報、被害を感じ取れるエピソードが教職員の中にあったのです。ですが、全教職員で情報を共有できなかったと反省しています」

この小学校で一番早く、この被害児童の異変に気付いたのは、実は、教員ではなく用務員だった。下校の際の様子からだったという。だが他の教職員とその情報が共有されず、早期の対応ができなかったと校長は悔やむ。

「どうしても日常の生活の中で、これは大丈夫だろうとか、もしかしたらそんな思い込みがあったのかもしれません」

　昨今は、放課後を豊かにしようと力を貸してくれている市民先生のボランティアや登下校を見守る地域ボランティアもいる。「おはようございます」の挨拶がいつもと違ったなどの情報も、子どもたちの変化に気付けるチャンスになる。

　いじめには〝チーム学校〟による柔軟な対応が必要で、教員の個性や得意・不得意にあわせて役割分担も柔軟に行うべきだ。

　そんな柔軟な役割分担のためには、相互理解と調整力と判断力も重要だが、教員の「気働き」も不可欠だ。機転を利かせて状況に応じてパッと対応する。「私、何かできないかな」「私ならこれができる」……。いじめ対応では、どれだけ忙しくても、複数の教員で即座に対応しなければならない。

　同僚性を阻む一因として、先に触れた教員の時間と心の余裕を奪うブラック勤務もある。勤務時間が長くなる一因は、次々と国から打ち出された教育改革の影響で、日本大学教授の広田照幸は「改革疲れが起きつつある」という。

　学校の説明責任が強調され、現場での書類作成など通常業務が増加している。「各学校で創意工夫を」となれば、新たな会議や打ち合わせが増える。地域や保護者との関係づくりにも骨が折れる。

精神疾患など体調を崩す教員も増えている。文部科学省によると2021年度に精神疾患を理由に離職した公立小中高校の教員は前回調査の2018年度に比べ171人増えて953人で過去最多だった。精神疾患を理由に休職した教員も過去最多の5897人だった。

広田が「何よりも深刻なことの一つ」と強調するのは、評価や競争が学校に持ち込まれたことで、教員間の同僚性や協働性のような組織文化が揺らぎつつある点だという[※4]。

教員らの健全な勤務環境が同僚性や協働性を高め、〝チーム学校〟づくりにつながる。そしてそれがいじめ予防の体制を整えるためのベースになる。

情報共有の重要性とアプリの活用

軽微ないじめでも「あれっ?」と思った教員は、教員組織に報告し、情報を共有してほしい。その場で注意を与えるだけでなく、組織として見守りとフォローアップをする。そのためにも早い段階からの記録を森田も勧めていた。

メモ用紙で子ども個人のファイルをつくる。学年が進んで担任が変わっても、小学校から中学校に移っても、いじめが維持あるいは再発することもある。その際、過去のメモや記録が大いに参考になる。メモは単にいじめを発見して記録するものというより、子どもの成長と環境の変化をフォローするものと捉えなければならない。

〝チーム学校〟での情報共有のやり方は様々だが、忙しい教員たちにとって簡単ではない。紙のメモ用紙だと紛失する恐れもある。

そこで大阪教育大学教授の戸田有一は新たなアプリを提案・企画し、奈良県教育委員会が戸田と協働し、新たなアプリを開発した。2023年6月から「奈良県いじめ防止プラットフォーム」として運用が始まっている。

この、通称「気付き見守りアプリ」には、いじめの「兆候」への気付きと、教員の対応と子どもの姿が継続的に記録される。いじめの兆候かもと考えられる児童の表情や行動などを、教員の誰もが画像付きの短い説明のクリックだけで登録できる。いじめに関連する17のチェック項目が三つの水準に整理してあり、その水準にあわせて教員の対応レベルもあげていく。さらに、他の教員らの気付きも一元的に記録、蓄積されるため、重大事態の発生の際も、信頼できる情報となる。

17のチェック項目は、奈良県教育委員会の「いじめ早期発見・早期対応マニュアル」などを基に作成した。「周囲の人の言動に過敏に反応する」「登下校時、他の子の持ち物を持たされていることがある」「持ち物等に落書きをされたり、壊されたりすることがある」など。

これらを「いじめかもしれないが、その他の理由かもしれない」という水準1、「いじめの可能性が大きい」水準2、「いじめ重大事態の可能性が大きい」水準3に分ける。それぞれイエローカード、レッドカード、紫のカードと、段階ごとに色分けされ、各学級の様子が一目で分かるよう工夫している。

奈良県教委は「短い時間で入力できるため教員の負担軽減にもなる」と説明。データ化して「見える化」し、教員が管理職に相談しやすくなったり、管理職も気付いたりすることが期待される。ヤングケアラーや虐待など、いじめ以外の問題にも気付き、必要な支援に早くつながることも想定している。

アプリを企画した戸田は、「各担任だけではなく、学校の様々な立場の先生方の記録と記憶をシステム上で共有することで、見逃しや対応の遅れを少なくし、いじめの重大事態を減らしたい」と述べた。

図7　17のチェック項目
（奈良県教育委員会資料をもとに作成）

水準	項目
水準1 【いじめかもしれないが、その他の理由かもしれない】	・下校時刻が近づくと、表情がさえなくなる ・授業中にぼうっとすることがある ・休み時間に自学級以外の児童と過ごすことが多い ・昼食を食べ残すことが増えた ・周囲の人の言動に過敏に反応する
水準2 【いじめの可能性が大きい】	・登下校時、他の子の持ち物を持たされていることがある ・持ち物や衣服が不自然に汚れていることがある ・授業中におどおどした態度をとることがある ・自分を卑下する（自虐的な）言動が見られる ・休み時間に一人で過ごすことが多い ・教科書等が破れている ・登校を渋ることがある
水準3 【いじめ重大事態の可能性が大きい】	・授業中の発言を周囲に冷やかされる ・休み時間に職員室や保健室にいることが多い ・靴や持ち物がなくなることがある ・顔や身体にあざがある ・持ち物等に落書きをされたり、壊されたりすることがある

　このアプリが目指すのは、「いじめ見逃しゼロ、いじめ重大事態ゼロ」だ。たしかに過去の重大事態の報告書を読むと、担任から管理職への報告がないという連携不足が目立つ。力量の未熟な教員により問題が深刻化しているのは全国的に見られる現象で、このアプリがあれば、報告の手順がスムーズになり、「気付き」からすぐに学校全体での見守りや介入ができるかもしれない。メモ程度の情報でも、入力しておけば、信頼性のある情報の蓄積につながるだろう。

「児童生徒のいつもと違う様子に気付き、それを共有し、その後の様子を見守り、より深刻化したら話し合いのレベルも上げる。これまでも同僚性の高い学校現場では行われてきたことだが、アプリの力を借りて、実践の知恵を確実なものとする。力量のある教員の知見が全員に行きわたる。気付く力量が学校全体で高まる」と戸田は今後の活用に期待を述べている。

なお奈良市教育委員会では、2018年度から全市立学校の小学5年生から中学3年生までを対象として、SNSによる匿名相談アプリ「スタンドバイ（STANDBY）」を導入している。こちらは児童生徒からの通報システムだ。

「スタンドバイ」はすでに33市町村・1200校以上（2023年8月時点）で導入されている。他にも、いじめやハラスメントを報告・相談できるプラットフォームとしては、大阪府吹田市や泉大津市などで導入されている「マモレポ」もある。これらは、教員間の情報共有を目指す新しいアプリとも併存できる。

スタンドバイ㈱代表取締役の谷山大三郎は、毎日の健康観察機能といじめアンケートに回答できる「シャボテンログ」という新たなアプリも開発。いじめアンケートでは、北海道大学准教授（発達心理学）の加藤弘通らと組んで、その回答から子どもの日々のいじめ深刻度リスクが分かる仕組みを導入している。

加藤らの研究によると、いじめを深刻化させるものとして、現在、分かっているだけで、７つのリスクファクターがある。①加害者に被害経験がある、②学級崩壊や学級の荒れが起きている、③教師が認知し、かつ解決に向かっていない、④被害者に加害経験がある、⑤加害者が教師との関係が良くない、⑥被害者が教師との関係が良くない、⑦関係性攻撃（仲間はずれ、陰口）が行われている。

アプリでは７つのファクターのうち、③・⑥・⑦の指標で問題があれば、黄色や赤で警告する。その情報は担任教員だけでなく校長を含め、学校の教員全員が共有し、組織で対応する。アプリの活用は、多忙化する教員たちの負担を増やさないよう、そして個々の教員の能力に依存せず介入の基準を一律にしておくことを目的としている。

ネットいじめの急増もあって、いじめがますます見えにくくなる中、どう対応すればいいのか。教員のレベルに凸凹があり、ブラック勤務が改善されず、なかなか同僚性を高められない現代の教育現場では、こうした新しいものを活用することも、ますます必要になるだろう。

ブラック勤務の解消とあわせ、同僚性や協働性を補うためのアプリの導入や普及など、いじめ予防のために「教員」たちを支える仕組みが真剣に求められている。

〈学校〉

ここまで教員の立場から、いじめ予防を考えてきた。ここからは学校全体として、いじめ予防のために何ができるのかを中心に考えていきたい。

いじめ予防としての「授業の改善」

いじめを予防するためには、これまでの学校システムや授業のスタイルを続けていいのか、という根本的な問題もある。時代がこれだけ大きく変化して、いじめや不登校、暴力、自殺などの数字からも子どもたちの悲鳴が聞こえるはずなのに、その根本的なところが変わらないのには違和感を覚える。その変わり方については後述したいが、もし今のスタイルを続けるのであれば、いじめ予防のためにも、子どもたちのストレスを減らすべく、最低限、授業は分かりやすくしてもらいたい。

小学校教員を長年務めた、玉川大学教職大学院教授の谷和樹は、いじめ予防で最も大切にすべき視点は、教師の授業だという。
「分かる・できる授業をして子どもたちに知的な満足感や達成感と、もっと学びたい気持ちを日々持たせることができれば、欲求不満が解消され、いじめは減ります。いじめるより、学ぶ方が楽しいからです。また、教師が子どもたちの〝異質で変な意見〟を肯定的に受け止め、意味づけし、逆に価値あるものとしてクラスに広げることができれば、そうしたテイスト（雰囲気）が広がり、いじめは減ります」

さらに、学級での日常的なイベント企画を行い、子どもたちが熱中する活動を通して、良くも悪くも、様々な種類の体験をさせることが大切だと述べる。

被害の深刻さを伝える

今、多くの学校現場で「いじめ予防」の授業が行われている。自治体によっては年に何回以上と回数を定めて、授業を行うことを義務づけているが、その中身はバラバラで、道徳の教科書を一通り読んで終わり、という学校も少なくない。

予防授業をどうすべきか。基本的な認識として、これまでの取り組みでは不十分だったのだから、もっと頻繁に、もっと中身を濃く、実効性あるものに改善しなければならない。

予防授業の大前提として挙げたいのは、いじめ被害の深刻さと影響の大きさを子どもたちにしっかりと伝えることだ。

いじめで人の命が奪われることもある。被害者本人にふりかかる悲劇はもちろん、遺族たち、被害者家族の心の傷も続く。まず、これをはっきり伝えてほしい。

NPO法人「ジェントルハートプロジェクト」は、高校生だった一人娘をいじめ自死で亡くした小森美登里らが設立した、いじめ問題の解決を目指す団体だ。

メンバーの一人、大森冬実は、2014年、当時17歳だった七海をいじめ自死で亡くした。2018年、冬実のもとに七海が15歳のときに書いた「20歳の私へ」という手紙が届けられた。

「ハロー。20歳の私は元気ですか？　夢がありますか？　夢を叶えましたか？　20歳の自分よ。辛いときも絶対に諦めないこと。ファイトだよ」

冬実は、今も、学校の対応のひどさに憤っている。当時を振り返ると、担任による、いじめにつながる言動があったという。

「先生たちも、いじれる子、いじりやすい子ってあるんです。入学当初から何かあれば娘がからかわれていて。何か話すと『お前、ガチャピンみたいな顔だな』とか言っていたらしくて。先生がそうすると生徒は〃からかっていいんだ〃とか〃下に見ていいんだ〃とか思ってしまいますよね……」

担任は、笑いをとれる「人気者」だった。しかし、このような軽率な言動が、いじめを生じさせたと冬実は見ている。

公立小学校の校長を長年務めた私立湘南学園学園長の住田昌治も、この点を注意するよう強調している。教職員たちには、自らの言動や評価が、児童を傷つけたり、他の児童によるいじめを助長したりすることのないよう、年度始めに必ず研修を行うという。

大森冬実は、いじめを把握した際の自らの対応を後悔している。「もっと早く、もっと危機感を学校側に伝えるべきだった。七海が初めていじめられていることを話してくれた際、七海は『ますますやられるからやめて。学校には伝えないで』と言っていた。でも伝えないと何も始まらない。校長もいて担任もいて、今、どういう状況か、辛いか、全部話すことから始まるから」

ジェントルハートプロジェクトでは、いじめの本質は加害側の心の問題にあるとして、「加害側の心に寄り添うことなしに問題の解決はない」と考え、精力的に活動に取り組んでいる。

いじめ自死だけでなく、年間923件、一日に2・5件のペースで増えている「いじめ重大事態」の被害者や保護者も苦しんでいる。メンタル面も大きく傷ついた子どもへの対応は簡単ではない。

いじめ防止対策推進法は、「児童がいじめで相当の期間学校を欠席することを余儀なくされている疑いがある場合」を重大事態の一つに挙げ、年間30日を目安としている。だが重大事態の場合、プライバシーの問題もあり、なかなか被害の詳細は表に出てこない。そんな家族も取材した。

公立小学校の低学年だった男児は「くさい」「きたない」と言われ続け、風呂場で何十回も赤くなるほど体をこすり、夜は眠れず、命を絶つことさえ口にしていた。いじめの後遺症への対応から両親も疲れとストレスで不眠症になり、父親は耳鳴りを発症、母親は原因不明の腹痛も続いた。

小学校低学年で受けたいじめ被害、そして被害児や家族が受ける「二次被害」については、研究者の間でも材料が不足していると先の大阪教育大学教授の戸田は指摘している。
表に出てこないような「いじめ」でも、どれだけ被害者が深く傷つき続けるのか。そして被害者の家族など周辺の人たちがどれだけ長く苦しむのか。予防授業の中でも積極的に伝えられるべきだ。

長く重く続くいじめの影響

いじめ被害は長く重く影響が残る。子どものときに同級生から受けたいじめは、大人から受けた虐待よりも深刻な精神的影響を与えるというイギリス・ウォーリック大学の研究もある。[※5]

東京大学准教授の滝沢龍らがイギリスの大学などと行った共同研究によると、子ども期のいじめ被害は、児童・思春期や成人早期までだけでなく、さらに長期に中年期に至るまで抑うつ・不安などの精神疾患発症リスクが生涯残る。心身の健康・対人関係・人生満足度などへの影響も50歳に至るまで残るという。

子どもの頃にいじめの被害に遭っていた人は、なかった人に比べて、大人になってから精神疾患と診断されるリスクや自殺のリスクが2倍になるとも滝沢らは明らかに

している。※6

また、子ども期のいじめ被害が、30年以上経てもなお、肥満傾向や心血管疾患のリスクについて悪影響を与えるという。本人すら気付かないような、ストレスの長期的メカニズムを明らかにしたもので、滝沢は「心身の隠された傷」と呼ぶ。また子ども期のいじめ被害で、その後の人生を通じてメンタルヘルスサービスの利用が多くなり、社会的コストへの影響も甚大になることを示した。

いじめ被害による社会的損失は甚大だ。スウェーデンの非営利団体「Ｆｒｉｅｎｄｓ」の算出によれば、毎年6万人の子どもがいじめ被害に遭い、その1割が大人になってからも何らかの影響を受けているとすると、損失額は日本円で約２３８０億円。教員数を2割増やせるほどの額に上るという。

学校襲撃の背景にもいじめ

ときには、いじめ被害が、取り返しのつかない事件につながることもある。

アメリカでは、いじめ被害者による学校襲撃事件が続いている。２０２２年、南部テキサス州の小学校で児童19人と教員二人の計21人が殺害された事件でも、銃を乱射した18歳のサルバドール・ラモス容疑者は、いじめを受けていたという。

事件後、ラモス容疑者の近所の人は、「友人たちが容疑者の服装をからかっていた。彼はお金も持っていなかったし、上手にしゃべることもできなかった」と語っている。現地メディアによると、容疑者は思春期に学校でいじめを受けたあと、態度が暴力的になり動機につながった可能性があると見て当局が捜査を進めている。容疑者は、中学生の頃に性格が変わっていき、他人の車に卵を投げつけるなどしていたとも伝えている。

米教育省とシークレットサービスは2002年5月、過去の学校襲撃事件について、本人や関係者から聞き取り調査を行い、報告書を出した。きっかけの一つは、生徒12人と教員一人が死亡した1999年のコロンバイン高校での銃乱射事件だった。容疑者は同校の生徒二人で、ともに現場で自らを撃って死亡した。彼らはいじめられていた。この事件を含めて、調査の対象になったのは、1974年から2000年に発生した37件で加害者は41人だ。

・加害者は全員男性

・ほとんど（85％）が13〜18歳のティーンエージャー
・31人（76％）は白人
・41％は学校での成績も良く、ドロップアウトしたのは5％に過ぎない。「落ちこぼれ」が多いわけではない。
・「問題児」として見られていた少年は少ない。26人（63％）は、事件までに学校でトラブルを起こしたことがない、または、ほぼなかった。

特徴的だったのは、加害者の多くがいじめなどの被害を受けていたことだ。41人のうち29人、実に7割は、いじめを受けたり、脅されたり、暴行されたりした経験があった。もちろんすべてのケースではないが、こうした「いじめ被害」などの経験が、学校襲撃に向かわせた可能性があると分析されている。

加害者の動機として、最も多かったのが「復讐のため（61％）」だった。他には、「問題を解決しようとした（34％）」「自殺または自暴自棄になった（27％）」「目立ちたかった（24％）」など。全体の半数以上は、これら複数の動機・理由があったと指摘されている。

この報告書が出たあとも、アメリカでは、いじめ被害者による学校襲撃事件が続いている。2019年のシークレットサービスの報告書でも、2008年から2017年までの学校襲撃事件の加害者35人を分析したところ28人（80％）がいじめ被害に遭っていた。

ビラノバ大学のDowdell教授らの調査報告（2022年）でも、2013年から2019年までにあった学校での銃撃事件の25人の加害者について分析したところ、6割以上が「直接」または「ネット上」でのいじめを受けていた。

福井大学「子どものこころの発達研究センター」客員教授（児童青年精神医学）の杉山登志郎は言う。

「学校襲撃事件の背景として、いじめの影響は大きい。程度にもよるが、いじめ被害の心へのダメージは大きく、PTSD（Post Traumatic Stress Disorder＝心的外傷後ストレス障害）になることも多い。怖かった経験の記憶が心の傷（トラウマ）として残り、様々な症状を引き起こしてしまうことがある。人の発達には凸凹があり、必ずしも時間が経てばトラウマが消えるというわけではない。原因は複雑で、一般論では言えないが、学校襲撃事件は、そうしたトラウマが学校への復讐となって形に出たのではないか」

新潟青陵大学教授（社会心理学）の碓井真史も、「いじめによる心の傷は普通の人が考える以上に深い」と言う。

「いじめ被害はあとになって症状が出る人もいる。苦しみから復讐心を燃やす人もいる。一般的に、自分が被害を受けたのに効果的な反撃ができないとき、復讐心が生まれる可能性がある。時間が経つにつれて復讐心が薄れる人もいるが、雪だるま式に高まる人もいる。なぜ俺だけが不幸なのだ……と思考が歪んでいく人もいる。こうした先に、学校襲撃事件が起こってしまうのではないか」

銃による学校襲撃事件の背景には、銃社会などアメリカ特有の社会病理もある。だが学校襲撃事件は、〝遠いアメリカの話〟では済ませられない。改めて思い出すのは、2000年の「西鉄バスジャック事件」だ。

佐賀発福岡行きの高速バス（乗員・乗客22人）を、牛刀を持った当時17歳の少年が乗っ取った。事件発生の翌日、東広島市のサービスエリアで、警察官がバスに突入して少年を逮捕。乗客の女性三人が少年に切りつけられるなどして一人が死亡、二人が重傷を負った。

当時17歳の少年も、中学校でいじめを受けていた。やがて不登校になり高校を中退。家庭内暴力が悪化し療養所に入院していた。事件を起こしたのは、外泊許可が出たときだった。少年は当初、中学校を襲撃しようと計画していた。

事件の被害者で、医療少年院の依頼で少年とも3回会った佐賀市の山口由美子に話を聞いた。山口は、不登校や引きこもりの子どもの親同士が支え合う親の会「ほっとケーキ」や、子どもたちの居場所づくりの場として、フリースペース「ハッピービバーク」を運営、自ら代表を務めている。

「当時の少年は、いじめ加害者たちへの恨みはもちろん、問題を解決してくれなかった学校、教職員への恨みを募らせていたのではないだろうか。いじめを受けて辛かったことを友達や家族の誰かに聞いてもらったり、受け止めてもらったりできていたら、まったく違った展開になっていたはずだ。彼にはそういう存在がおらず孤立していた。自ら選ぶ〝孤独〟ではなく〝孤立〟は本当に辛い」

ここで強調しておきたいことがある。「いじめ被害者は将来の犯罪者」というイメージは誤っている。むしろ逆だ。いじめ研究で世界的に有名なダン・オルヴェウスの1980年代の調査（『いじめ　こうすれば防げる』川島書店）によれば、いじめ被害者だった子どもが青年になって犯した犯罪件数は、平均またはそれよりやや少なく、いじめ加害者の方が多かった。

小学6年生から中学3年生当時、いじめ加害者とされた生徒80人を24歳になるまで追跡調査したところ、およそ6割が少なくとも一つの有罪判決を受けていた。子どもの頃の加害経験が「悪いことをしても許される」という勘違いの〝成功体験〟につながるのかもしれない。

大事なのは、いじめ予防は、被害者だけでなく、加害者、そしてそれぞれの家族など周辺の人々の未来も救うということだ。

将来の貧困層も救う

適切ないじめ予防は、将来の貧困層を減らすことにもつながるかもしれない。

早稲田大学教授の橋本健二は、永続的で脱出困難な貧困状態に置かれた人々で、パート主婦などを除く非正規労働者を「アンダークラス」と定義、研究している。この表現自体が差別的だと批判する向きもあるが、橋本はあえて、新しく登場した非正規労働者たちを表現するため、イメージ喚起力に富む用語として使っている。

橋本の『アンダークラス2030』（毎日新聞出版）によると、日本では913万人の非正規労働者（2017年）に無業者と完全失業者を加え、約1200万人の「アンダークラス」がいる。その多くを占めるのが就職氷河期（卒業年が1994年から2007年）世代だ。

彼らの特徴を見ていくと、衝撃的なのは、いじめ被害に遭った経験を持つ人の多さだ。氷河期世代の「アンダークラス」では41・0％を占め、正規労働者階級（17・5％）の2倍以上。五人に二人が被害を受けていた（「2016年首都圏住民の仕事・生活と地域社会に関する調査」。橋本を中心とする研究グループが、都心から50キロメートル圏内に在住する2351人を調査）。

子どもの頃にいじめ被害に遭った傷からなかなか立ち直れず、人間関係をつくることにも自信を失い、非正規労働者となり、貧困に陥った可能性もある。橋本も「いじめという形での学校教育からの排除は、おそらくは成績の低迷や就職機会の喪失を通じて、アンダークラスへの道を準備する」と述べている。

いじめの被害は長く、重く、深い。悪影響は多様な形で表れる。社会的なコストも甚大になる。繰り返すが、学校での予防授業では、まずこうした被害の実態をきちんと子どもたちに伝えてほしい。

自信と誇りを得るために「自己有用感」を育む

学校教育で、もう一つ、いじめ予防のために取り組んでほしいのは、「自己有用感」を育むことだ。それにより子どもたちは自ら好ましい人間関係をつくりだす力を育める。加害者にもならずに済むかもしれない。このポイントは、国立教育政策研究所が検証し、強く勧めている。[※78]

人の役に立った。人から感謝された。人に喜んでもらえた。人に認められた。自己有用感とは、このように自分と他者(社会や集団)との関係を自他共に肯定的に受け入れることで生まれる、自己に対する肯定的な評価のことだ。自己有用感があると、自分の行動に自信と誇りを持てる。

相手の存在なしには生まれない感情で、「自己肯定感」とほぼ同じ意味で使われる「自尊感情」とは異なる。最終的には自己評価であっても、他者からの評価やまなざしを強く感じたうえでなされる。

国立教育政策研究所は、児童生徒をいじめ加害に向かわせる大きな要因として、

「友人ストレッサー」「競争的価値観」「不機嫌怒りストレス」の三つを挙げている。それらを発散したいと感じ、偶発的に条件が揃うといじめが生じがちになる。条件とは、たとえば、自分が勝てそうな適当な相手がいて、都合のよい口実やきっかけが見つかり、わりと簡単で、大人には見つかりにくく、見つかっても言い逃れができそうな適当な方法があると加害者が思うような場合だ。※9

ストレスに負けず、はけ口として他者を攻撃しない子どもを育てられれば、いじめは減る。そのためには人とかかわることを喜びと感じるような、自己有用感を育むような体験が不可欠だと同研究所は提案している。

人とかかわることは面倒だったり、イヤだったりすることもあるが、他者とかかわることは楽しいし、役立ったら嬉しいと感じる。そんな場や機会を学校の内外につくる。自己有用感があれば、少々面倒くさく、大変でも、子どもは進んで他者と交わろう、社会とかかわろうとする。社会性の土台が育つ。

かつては放課後にそんな場はいくらでもあった。仲間・空間・時間の「サンマ」があり、異年齢集団の遊びの中でルールを守り、年齢に基づくそれぞれの役割に従って行動することなどを学べた。しかし現代の放課後は危機的だ。地域社会の教育力の低下は甚だしい。

トラブルも含めて集団を受け入れる。トラブルを回避するためにどうすべきかに気付く。集団内の他者から認められる喜びにも気付く。最終的には自ら進んで他者や集団に貢献する。それが誇りになる。そんな集団体験を提供することが、いじめに向かわない児童生徒の育成につながる。

学校の中に、そうした場をつくろうという動きもある。

「異年齢交流」で自己有用感を育む

協働的な活動を通して他者のために役立ち、認められる。自己有用感を感じながら絆づくりを進める具体的な取り組みを、2009年度に行ったのがA中学校区である。※7
A中学校区は、いじめや不登校、暴力行為などに悩まされてきた。そこで校区内の二つの小学校で、児童の自己有用感を高めようと行ったのが「異年齢交流」だった。
6年生が1年生を迎える会を開く。給食や準備や片づけを手伝う。読み聞かせをする。清掃活動を縦割り班で行う。縦割り班で集会活動や運動会を行う。できるだけ楽しいと実感できる異年齢交流の活動を年間計画に位置づけて実施した。交流活動をリードする6年生たち全員に、十分な準備や工夫をできる時間も授業の中で確保できるようにした。

どうしても同じ学年内での体験では、「他者から認められている」「他者の役に立っている」という自己有用感を感じるには限界がある。だからこその異年齢交流なのだ。異年齢交流で大切にしなければならないのは、サポートする教職員の意識だ。ただイベントを重ねるのではなく、誰の何を育てるために何を行うのかを浸透させる。6年生の自己有用感が高まることを期待して活動は実施されるべきで、ただの交流ではいけない。6年生が育つよう、成長する見通しを持って、励まし促す形で教職員からの声掛けも必要になる。

これらを実践した結果、6年生は、しっかり育ち、他者とのかかわりに自信を持つこともできた。卒業時の不登校も減っていた。すると翌年度、中学1年生になってからのいじめや不登校、暴力行為なども大きく減ったのだった。

国立教育政策研究所の『生徒指導リーフ9　いじめの未然防止Ⅱ』では、〈授業や行事の中で全ての児童生徒が活躍できる場面をつくりだし〈〝絆づくり〟のための場づくり〉、彼らの「自己有用感」が高まれば、いじめには向かわない〉と結論づけている。

図8　年度別・学年別いじめ加害経験・「ぜんぜん」の回答率
（国立教育政策研究所『生徒指導リーフ9 いじめの未然防止Ⅱ』をもとに作成）

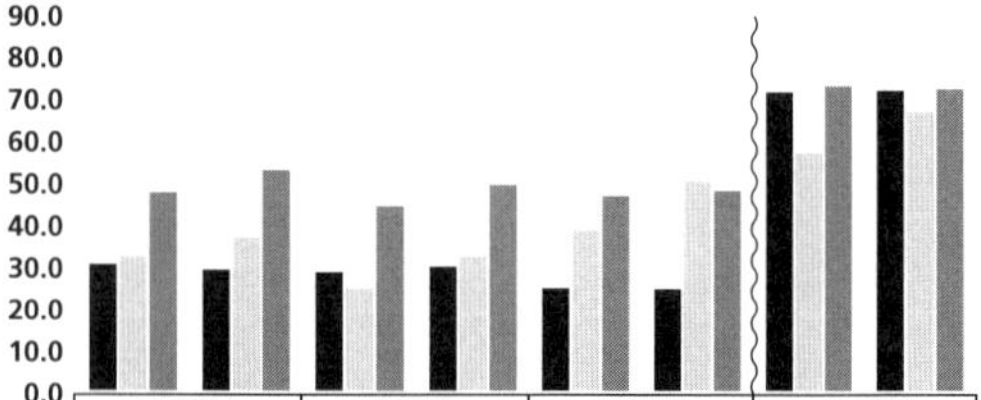

	2007年		2008年		2009年		2010年	
	6月	12月	6月	12月	6月	12月	6月	12月
1年	34.1	32.6	32.0	33.5	27.7	27.5	80.3	80.7
2年	36.3	41.4	27.7	36.3	43.4	56.3	64.1	75.0
3年	53.3	59.3	49.7	55.4	52.4	53.8	81.9	81.1

＊例年（2007〜2009年）、いじめを「しなかった」と回答する割合が3学年中で最も低かった1年生が、2010年には、3年生に匹敵する割合に変化した。

ドイツのベルリンにも異年齢交流をいじめ予防につなげている学校がある。ベルリン郊外の閑静な住宅街にある公立のランドゥ校（小学生から中学1年生までが通う）では、2006年から始まったバディプログラムの推進により、子どもたちに社会性を習得させ、暴力行為やいじめの予防に効果が出ている。

千葉県内で小中学校の教員を務め、現在「千葉教育・心理研究所」代表の柳生和男に話を聞いた。柳生は、ドイツでいじめ対策の研究を進め、40校ほどの学校を現地で視察。ランドゥ校はその一つだった。

バディプログラムとは、上の学年の子ど

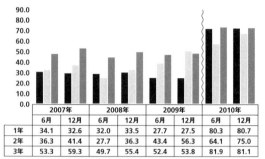

もによる下の学年のお世話活動のこと。世話する側とされる側の良好な人間関係につながり、上の学年の子たちの自己有用感が高まる。読み聞かせや学習サポート、登下校の安全を見守る活動もある。上の学年になると、いさかいを仲裁するような「コンフリクト・バディ」と呼ばれる活動もある。※10

日本でも自己有用感を高める異年齢交流を、いじめ予防の一環として勧めたいが、どうも簡単にできるような一日限りのイベントで終わるケースが多いようで、狙い通りの取り組みはなかなか広まっていない。その背景にもブラック勤務など、学校の余裕のなさがあるのかもしれない。「異年齢」というところが、特に負担感を増してしまうのだろうか。

『学び合い』

異年齢でなく同学年や同じクラス内でも、工夫次第で、自己有用感につながるような学び合い、助け合いを取り入れられるかもしれない。上越教育大学教授の西川純が提唱してきた『学び合い』だ（二重括弧で括り、他と区別している）。西川に聞くと、こちらは公立・私立を問わず、ＳＮＳや各地の勉強会を通して少しずつ全国の教育現場にも広まっている。

私も都内の公立中学1年生の『学び合い』を見学。通常の授業とはまったく違った、まるで部活動のような雰囲気で「アクティブ・ラーニング」（主体的・対話的で深い学び）にもつながると感じた。

冒頭5分、教員が取り組むべき課題を説明する。そして「では、教科書の見開き2ページ分の問題を全員が解いてください。全員ですよ。これからの社会を力強く生きていくには人と上手につながることが大切です。〝一人も見捨てない〟を意識して取り組んでください」と発言すると、教員は基本的にあとは見守るだけ。「ではどうぞ」と子どもたちに任せるのだ。やるべき課題は明確にするが、やり方は子どもたちに任せる。

子どもたちの多くは、まず自ら課題の解決に向かってみる。『学び合い』を知らない子は「できた！」と喜んで先生のところにやって来る。でも先生は、「君が一番だね」などとは褒めない。「じゃあ次、どうしようか？」と聞く。

すると、すぐにできた子はクラス全体を見まわして、できない子のところへ行って教え始める。分からない子は、分かりそうな人を見つけて聞きに行く。教室を子どもたちが自由に動き回る。『学び合い』を実践するクラスでは、授業の9割はこうして立ち歩き、相談する時間になる。知らない人が覗いたら、学級崩壊しているのではないかと心配するような光景かもしれない。

大抵、一つのクラスには、学習塾などに通う数人の成績上位層の子どもたちがいる。彼らは、教えてあげることで、自分の理解もより深まる。そして分かり切った授業の退屈さからも逃れられるという。

教えてあげたり、助けてあげたりするのは、彼らの得にもなる。自分のところに人が集まるようになる。たくさん授業中も対話しているから一緒に遊ぶことも増える。学校がもっと楽しくなる。新しくできた仲間たちは、いざとなれば自分の大変な仕事を手伝ってくれる。一人だけではできないことが、みんなの力でできるようになるわけだ。

教員は子どもたちの様子をよく見ている。歩きながら一言、二言、子どもたちに声をかけるだけで身体は楽そうだ。ただし頭は使う。リラックスして話しまわる子どもたちを静かに見守っていると、普段の人間関係もよく見え、寂しい子がいると分かる場合もある。

『学び合い』の経験を重ねると、子どもたちはどんどん全員での課題解決が上手になっていくという。クラス全体の課題解決力が向上する。戦略を考え、分からない友達を教えるために、中には予習してくる子まで出てくる。教えられる方も、1対1のマンツーマンで対話的に課題を解き、気をつけるべきポイントも教えてもらえるから、よく理解できる。そして分かった子たちは、次々と、今度は教える側にまわっていく。

子どもたちに聞けば、「この方が授業が分かる」と言う。いつの間にかクラス全員の成績が上がり、他者とかかわり合いながら課題を見つけ、解決していく力を伸ばしていくという。

西川によると、現在の通常の授業では、子どもたちの能力の多様性が、教員たちの〝頭痛の種〟になっている。学習塾に通って私立の難関校の受験を目指している子どもが、学校の授業では退屈なあまり、クラスメイトにちょっかいを出して迷惑がられている話はよく聞く。

現在の日本の小中高校では、成績の真ん中の子たちにあわせて授業を行っている。上位2~3割の子たちにあわせれば、クラスの過半数にとってはチンプンカンプンになるが、下位層にあわせれば過半数の子どもには退屈になる。そこで西川は、上位層の子どもたちを軸に学びが広がっていく『学び合い』の授業を思いついたそうだ。

特定の子どもが「お世話係」として、特定の子どもを教えるのが固定化し、教える側がイライラして嫌みを言ったり、排斥したりするようなら、いじめにつながってしまうだろう。教員はそうしたことが起こらないかなどを、よく見ておく。そして授業の冒頭には、「一人も見捨ててはいけない」と強調。与えられる課題も、競争的なものではなく、協同的な課題にしている。

「教員が教室に競争的な課題を持ち込むからいじめが発生します。だからこそ『学び合い』では常に協同的な課題を与えています。限られたパイを子どもたちが競い合うような教育環境にしないようにするのです」と西川は話す。

校長の理解が得られそうもないとして、教員が隠れるように『学び合い』を実践しているケースもあるが、逆に校長の音頭で、全校的に『学び合い』に転換した公立中学校もある。佐賀市立東与賀中学校校長の貞包浩洋は、以前から『学び合い』に取り組み、2年前から全校的に実践し始めたところ、不登校や保健室登校の生徒が大幅に減ったという。

文部科学省によれば、不登校の小中学生は約30万人（2022年度）で過去最多を更新した。そのきっかけとして、いじめなどの友人関係は一割とも発表している。これに対しNPO法人「全国不登校新聞社」代表理事の石井志昂は、不登校の理由としての「いじめ」を学校はきちんと把握できていないと指摘している。不登校になった小中学生たち本人に「最初に行きづらいと感じ始めたきっかけ」を聞いた文部科学省の別の調査では、四人に一人（複数回答）が、「友達のこと（いやがらせやいじめがあった）」と回答していたからだ（小学生25・2％、中学生25・5％・文部科学省2020年度「不登校児童生徒の実態調査」）。やはりいじめ予防は不登校の予防にもつながると強調しておきたい。

「分かり合えない」ことを前提に対話の機会を増やす

いじめを予防するために学校現場で増やしてほしいことは他にもある。お互いを理解するための対話だ。

日本思春期学会の前理事・宮崎豊久も対話の重要性を強調している。宮崎は、いじめの被害者だけでなく、いじめをやめられなくて困っている加害者の相談にも乗ってきた。現代の子どもたちは、学校にしか所属していない場合が多く、それがいじめという形でのエネルギーの放出につながっていると考えている。

「彼らは依存先が少なく孤立しています。あるいは孤立していることにさえ気が付いていません。それにより対話の機会が失われ、話を聞いてもらったり、失敗を認めてもらえたりする機会が少なく、ストレスの緩和がうまくできていないのです。では、なぜ孤立してしまうのか？　そもそも人を信用できず、コミュニケーションが苦手なことが分かってきました。対話がきちんとでき、コミュニケーションがとれていくと、知らない間に依存先が増え、何か一つの逃避行動に頼らなくてもよい状況がつくれます。自分の安全基地に戻って、しっかり充電して、また探索行動に出て、色々な経験をしていく。失敗を受け入れ、安全基地で認めていく。この繰り返しができる社会をつくっていくことが必要だと思います」

先述のいじめ相談アプリで紹介したスタンドバイ㈱の谷山大三郎も、いじめ被害者だった経験や、その後のいじめ予防の活動を通して、対話の重要性を実感。人は無意識に人を傷つけてしまうかもしれないから、そのことを自覚し、どうしたら変えられるかを考え、議論することが大切だと説いている。

いじめは「やられたからやり返す」「あいつが悪いから注意しただけ」「これはいじ

りで相手も喜んでいる」といった認知の歪みや、集団の空気やノリによって発生している。みんな仲良く、同じ目標を持ち続ける同一性を重視し続けることでも、同調圧力が生まれ、いじめにつながる。

だからこそ、人は分かり合えないことを前提に、対話を通じて価値観を共有し、分かり合える部分を見つける。他者との対話を通じて、他者との差異に気付き、自己を理解し、自己も他者も尊重し合えるようになる。谷山はそう強調する。

谷山らは、いじめなどをテーマに対話できる「Changers（チェンジャーズ）」という教材も開発した。子どもたちが無自覚のうちに誰かを傷つけることがあるかもしれないと気付き、そういった状況に出会ったら、自ら状況を「チェンジ」する判断や行動をしてもらいたいと、ホームページ（https://wearechangers.jp/）で無料公開している。

「学校や教室、それぞれのグループの実態に応じて、こうした教材を選定し、対話を重ねるといった取り組みがどんどん増えれば、人を傷つける行為は減っていくと思います」

話し合いの土壌をつくる「修復的対話」

対話といっても色々ある。ここからは「修復的」な対話を紹介したい。司法の現場では、「修復的司法」という言葉がよく使われている。

「修復的」の反対語は「応報的」で、〝加害者は罰する〟という発想だが、被害者が置き去りにされてきた面もある。

一方の「修復的」司法では、被害者も含めて参加当事者の自発性を大切にしながら、各人の切実な声を聞くことから始め、被害者の救済、加害者の真の更生、コミュニティの関係修復を目指していく。

数年前の夏休み、日本に「修復的アプローチ」を広めた日本社会事業大学名誉教授の山下英三郎を訪ね、長野県諏訪郡のコスモス村に向かった。

山下の著書『いじめ・損なわれた関係を築きなおす』（学苑社）や『居場所とスクールソーシャルワーク』（西野博之との共著・子どもの風出版会）に詳しくあるが、修復的司法の源流は、世界各地の先住民らが用いていたトラブル解決法にある。彼らは仲間の中にトラブルがあると「宇宙との調和が乱れる」として、調和を取り戻すための修復法を編み出していった。小さな集団での「目には目を」といった応報的司法は、トラブルの連鎖につながり、その集団の存続を脅かすという考えもあろう。それを応用したのが現代の「修復的司法」だ。

代表的な推進者、アメリカのハワード・ゼアの『修復的司法とは何か』（新泉社）には、「修復的司法とは、受けた傷を癒し事態を望ましい状態に戻すために、特定の問題に関係がある人たちをできるだけ参加させ、損害やニーズ、および義務を全員で明らかにすると同時に、今後の展望を模索する過程」とある。

学校における取り組みでは、これを「修復的実践」や「修復的対話」と呼ぶ。そのプロセスは対話にあり、対話によって関係の修復が図られるからだ。とはいえ、いきなりトラブルについての話し合いをするとなるとハードルが高すぎる。トラブルになったときは、だいたい他人の話が聞けなかったり、興奮して言いたいことが言えなかったりする。人数が多い場合は、声の大きい人だけの話で終わってしまうこともある。

そこでまずは人と向き合ってきちんと自分の気持ちを伝え、相手の話に耳を傾けるトレーニングを積み重ねる。それが修復的対話のベースになる。何度も繰り返すと、自分の気持ちをうまく表現できるようになり、人の話に耳を傾けることが自然とできるようになってくる。話し合いの土壌をつくる。これが「いじめ予防」につながるのだ。

学級における「修復的対話」の実践

学校ではどんな取り組みが行われているのか。朝の会やホームルームで行われることが多いという対話のトレーニングに、私も取材を兼ねて参加した。

まずはクラス全員が大きな輪（サークル）になって座る。修復的司法（Restorative Justice）の頭文字をとって「RJサークル」とも呼ばれる。サークルでの対話は、先生またはボランティアなどが、「キーパー」や「ファシリテーター」と呼ばれる司会役になって進行する。

始めるにあたって司会役は、サークルの全員に落ち着いてもらう。誰もが安心して話せる雰囲気づくりを大切にする。

そして、対話では四つの大事なルールがあることを伝える。①お互いを尊重する、②相手の話をよく聞く、③相手を非難しない、④発言しなくてもいい。つまり全員が対等というわけだ。司会役も、話を特定の方向にリードしないよう気をつける。

司会役は、話し合いの手順も説明する。サークルでは「トーキングピース」と呼ばれるものが一つ用意される。鳥の羽根や美しい石など、それを持った人だけが話せる。それ以外の人は静かに聞く。トーキングピースは一人ずつ話し終えたら、順々に隣の人に回していく。参加者全員の発言の機会を保証する。それだけでもサークル内の連帯やつながりが感じられるようになる。

話し合いのお題は、司会役から投げかけられる。たとえば私が参加した際のテーマは「大切」だった。

司会者からまず、「あなたが大切にしているものは何ですか？　それはなぜですか？」という質問が投げかけられる。順番は右回りでも左回りでもいい。サンプル的に司会役自ら話すこともある。一人ずつ順々に全員が話したら、二つ目の質問へ。「大切にしている時間は何ですか？　それはなぜですか？」。三つ目の質問は「大切にしている人」、四つ目は「モノ」。最後に「大切なこと（人やモノ）を守るためには何が必要だと思いますか？」を聞く。

話しやすくするために、サークルの真ん中に、様々な色の折り紙を置いて、順番が来たら、その紙を一枚選んで手元に拾い上げて、色に見立てて答えるといった工夫がなされることもある（2023年1月のNPO法人「修復的対話フォーラム」前田奈緒らの講演を参考）。

スクールソーシャルワーカーで、ＲＪサークルを各地の学校で実践している前田奈緒によると、校内でＲＪサークルを繰り返すことで、様々な効用が表れる。

他者に敬意を抱く態度が養われる。自分の考えを冷静に伝えられるようになる。相手の話をちゃんと聞くことができるようになる。他者に対する包摂性が高まる。どれもいじめ予防には欠かせない要素だ。

前田らは、児童生徒から実践後にアンケートもとっていた。都内のある中学校は、２０１７年からの３年間、１～２年生で取り組んだ（生徒５２１名）。その結果、８割（78・４％）が「自分の話をよく聞いてもらえたと思う」と答え、８割（81・９％）が「他の人の知らないところを知ることができた」とも答えた。最初は困惑していた生徒たちも、「恥ずかしさもあったが、やってみたら意外と色々と話せた」という声が多かった。

普段目立たないあの子は、実は、こんなことを考えていたのか！　この子にはそんな素敵な面があったんだ！　個人の存在にしっかり気付き、お互いに尊重する。たしかにそんなところから集団のトラブルや人間関係の不和の修復は始まっていくのかもしれない。

ＲＪサークルを行うと、一人一人が「自分は尊重されるに足る人間だ」と意識できるようになると山下は言う。「自分が尊重されて大切にされているという気持ちになれば、人を攻撃する気持ちにならない」と話す。

ＲＪサークルは、教員たち（20人）からも好評だった。ほとんどの教員（95％）が、「子どもが自分の話をする機会として有効」「子どもが他人の話を聞く機会として有効」「他者尊重や他者理解の機会として有効」と答えた。

ある教員は「自分の考えや思いをなかなか発言できない生徒も次第に話すようになりました」と回答。「サークルを開始する前に紹介された四つのルールは他の話し合いでも活用できる」という声も上がった。

修復的対話でいじめの解決も

弁護士の山田由紀子は早くから、修復的司法の取り組みを進めてきた。２００１年には「被害者加害者対話の会運営センター」を設立。その後、ＮＰＯ法人「対話の会」と名称を変え、研修を受けた司会役が、少年非行による犯罪被害や学校・地域をめぐる人間関係のトラブルなどを修復する活動を行ってきた。

山田らは、修復的対話によるいじめの解決にも取り組んできた。山田に話を聞くと、事件と異なり、いじめの場合、どちらが被害者でどちらが加害者と初めから決めつけないようにするという。「いじめは人間関係のもつれから起こるので、一方がいじめられたと感じていても、他方はそう思っていないことも多いのです」。

決めつけて接しても反発を招くだけで、解決にはつながらない。だから、〝いじめられた〟と相手に感じさせる行為をした理由やその背景を聞く。心の中のストレスや不満を十分に聞く。ストレスや不満の解決に手を貸す。それこそが大事なことだという。

すると次第にその子は、ストレスや不満のはけ口としてその行為をしていたことに気付く。その後、相手の子の辛さや悲しみを徐々に伝えていくと、反省の気持ちも生まれていくそうだ。

こうした聞き取りを司会役が事前に行っておく。それから「対話の会」を開くと、被害者は、加害者にも辛いことがあったと理解でき、加害者も心からの謝罪をするという。

先述の通り、いじめ重大事態に至る前の状態を探っていくと、学校側が「解決したと思っていた」というケースが少なくない。教員に強く促された末の「仕方なしの握手」など、形だけの反省や謝罪は、かえっていじめを深刻化させる場合もある。修復的対話による真の反省、そして真の謝罪。それこそが、次なるいじめを予防する。

修復的対話の場は、誰が悪いとかいいとかを決めるのではなく、損なわれた関係をどうやって築き直すか、というのが本来の目的だ。これからどうすべきかを皆で考え合う機会になる。

「学校に対話を！」体験会

修復的対話について、事前の勉強や準備が大変なのではないかと身構えてしまう人も多いかもしれない。たしかにいじめ予防は、継続して気軽に行えることが大切だ。そして予防ができれば、学校環境も改善され、教員がトラブル対応に追われる頻度も減る。ブラック勤務の解消にもつながる。

修復的対話の実践を気軽に行える講習も増えている。ＮＰＯ法人「修復的対話の会」は、定期的に「学校に対話を！」という体験会を開いている。２０２３年１月、都内で行われたイベントを取材した。

会場には、学校教員やスクールカウンセラー、スクールソーシャルワーカー、保護者など20人ほどが訪れた。まずは座学で、学校を安全な場にし、いじめを減らし、教育効果を高める対話についてを学ぶ。

会の代表を務める埼玉県立大学教授の梅崎薫によると、ヒーリングサークルとも呼ばれる修復的対話に参加すると、一回の参加で不安が低下し、継続的な参加で活気も上昇することが、日本の大学生らを対象にした研究で判明している。学校でこうした修復的対話サークルを学ぶと、子どもたちはお互いを尊重し、トラブルを解決する方法を学ぶこともでき、将来の地域社会の安全にもつながると説明した。

この日は、修復的対話の実践経験が25年以上あるノルウェーの教育者や、30年間、調停や紛争解決、学校での導入などにかかわってきたソーシャルワーカーもオンラインで報告を行った。

イギリスで実践してきた学校の教員は、「即効性はなくても、続けることで安全な学校文化を実現できるようになる」と述べた。「学校に来たとき安心して勉強できることが大切です。修復的な学校は、生徒が勉強に集中できます。修復的対話を導入することで、生徒たちの試験の成績も向上しました」と、その効果を語った。

児童生徒間でのトラブルが起こった際の「修復的メディエーション」についての報告もあった。その際には三つの修復的な質問が用意されるという。①何が起こったのか？　②誰が傷ついたのか？　③関係を続けるには今、何が必要か？　教員たちは子どもたちの言い分や意見、トラブルの背景を聞き、全体像を把握しようとする。

一部の子どもたちは、トラブルや対立の解決を手助けをする「ピア・メディエーター」になる。ピア・メディエーターは、さらなる研修を経てトラブルで緊張している生徒とどう話すのか、また助けを必要としている生徒をどう発見し支援するのかなどを知る。加害者が孤独だったり、悲しかったり、誰かと遊ぶ必要があったりすることも知る。こうした実践は、子どもたちの社会的能力の向上にもつながる。

梅崎らは、学校で修復的対話サークルが実践しやすくなるためのテキストも2022年に出版した。『修復的対話サークル　リソースガイド』という分厚い本で、アメリカの研究者や実践者がつくった、学校を安全なコミュニティにするためのガイドブック『Circle Forward』を翻訳したものだ。

アメリカの学校でも、子どもたちは様々なコンフリクト（対立）に直面しながら過ごしている。そこでも厳罰や排除ではなく、修復的対話を通していかにコミュニティの平穏を実現するか、模索が続いている。

対立する相手だけではなく、関係する者すべてを包摂し、尊重する態度をもって向かい合う。冷静にお互いの考えを伝え合い、相手の話に真摯に耳を傾け合う。そのために対話をトレーニングする機会を重ねる。普段、自分の考えを落ち着いて言葉にしたり、相手の話に黙って耳を傾けたりするマナーをまずは身につける。

イギリスの研究報告によると、修復的アプローチを全教職員が訓練され、そのアプローチを一貫して実践している学校は、まったく用いていない学校よりも高い確率（58％に対し79％の割合）で、いじめを止めることに成功した。※11

日常的に実践できている教員も

修復的対話の訓練なしでも、学校現場で実践できる教員もいる。重大ないじめを受けた末に転校した被害児童から聞いた教員Aのケースだ。

その被害児は診断されていないが、発達障害と似た症状があった。そのため転校後もいじめのターゲットになりかけたことがあった。忘れもの癖があったり、おとなしくすべきタイミングだと注意されていても手遊びがやめられなかったり、他のモノへ過剰に集中してしまうためか、他人の話がすっぽり抜け落ちたり……。それらが重なり、特に女子たちの批判の的になっていた。

児童から「またいじめみたいになりそうだ」と聞いたAは、放課後、児童と女子たちとの話し合いの場を持った。「お互いにためないで言えるようにしようね。まずは聞いていくね。反論はしないように」と切り出すと、一人ずつ、それぞれの気持ちについて話し、お互いがしっかりと聞く場を持った。

Aが話すのは基本的には質問するときだけ。「何があったの？」「なぜこうなったの？」「何がイヤだったの？」「どうすればいいの？」……。

「みんなで注意していただけ！」などと言っていた子どもたちにAから一言、「それっていじめにつながってしまうかもしれないんじゃない？」と切り出すこともある。それでハッと気付く子もいたそうだ。

Aは、トラブル解消を急がない。放課後の話し合いは一日で終わらなかった。数日間、何回も放課後に集まって話していると、ある日、「魔法が起こった」。それぞれがトラブルを振り返る中で気持ちの整理もでき、どちらかが自然と謝って終わったのだという。児童は、「お互い謝って、〝今後はこうできるようにするね〟などと話し合って終わったんだよ」と嬉しそうに母親に語った。

こうした実践は、特に「修復的司法」や「修復的対話」などと難しく考えなくても、個々の教員の力量があれば、できそうだ。少なくとも、何かトラブルが起こった際、「先生には分からないから」と放置してしまうことだけは避けてほしい。

トラブルは〝学び〟のチャンス

いじめかケンカかの区別は難しい。だが、何らかのトラブルが起きたことは分かる。そのときこそ学びのチャンスだ。

森田洋司も、いじめが起こったら、「学び」につなげるべきだと講演でも語っていた。特に何らかの偏見が影響していたケースは、確実に「学び」につなげたい。たとえば、これからは外国につながる児童生徒も増えてくる。障害児、ＬＧＢＴＱ、被災児童など、配慮の必要な子どもたちもいる。貧困に苦しむひとり親世帯も多くなっている。

だが、子どもたちはある意味で残酷だ。知らないから平気で突っ込んでしまう。

「お前、洗濯してないシャツで臭いな。触るな。お前が触ったものは食べない」などと言っていじめにつながる。大人たちも偏見や差別が子どもたちに「うつらないよう」、気をつけなければならない。「ひとり親だとやっぱりね……」などと、否定的な言葉を子どもたちの前で言ったことはないだろうか。

森田は、「子どもにも大人にも〝排除の論理〟がある。いじめきっかけに掘り起こし、〝学び〟を入れていく。子どもも大人も学ぶ必要がある」と述べていた。

森田の懸念通り、ＬＧＢＴＱの子どもたちのいじめ被害経験は多い。宝塚大学教授（社会疫学）の日高庸晴が２０１９年、ＬＧＢＴＱの当事者約1万人を調査したところ、[※12]約6割が小中校の学校生活でいじめられた経験があった。10代では47・4％。40代では65・8％に達した。

それでも当事者の約7割（66・9％）は、「5年前に比べて、性的指向や性自認の多様性が尊重される世の中になってきた」と回答している。この傾向が、彼らへのいじめの減少につながることを願いたい。

教員たちは忙しい。そこに新たにいじめが認知されると、必然的に仕事が増える。増やしたくない場合には、見過ごしたくなる。そして、見なかったことにする。その気持ちも痛いほど分かる。だが、いじめを積極的に認知することは、子どもたちの学びにつなげられるチャンスだと、前向きに、積極的に捉えてもらえないだろうか。そんな回復力のある学校現場になってほしい。

宿題ゼロ・定期テストなし・固定担任制の廃止などの学校改革を東京都千代田区立麹町中学校校長として取り組んだ、私立横浜創英中学・高等学校校長の工藤勇一も、「トラブルを学びに変えていく」必要性を強調している。

工藤は、もともと「みんな仲良く」は人間社会では簡単ではなく、かえって、そのようにできない子どもへのいじめを増やす要因にもなるという。だから「心の教育」よりも、「行動の教育」を行い、自分の感情と考え方と行動を切り分けた対応を学べることが重要だという。

たとえば、考え方が違う人、そりが合わない人にイライラしてトラブルになったら、それを多様性について学ぶきっかけにする。ふざけて遊んでいた末にトラブルになったら、相手との距離感を考えるきっかけにする。教員など大人は、起こったトラブルを、「ダメだよ。謝りなさい！」で終わりにするのではなく、人は失敗するものだから、次どうすればいいか、次のトラブルを防ぐにはどうしたらいいのかなど、学びにしてもらうことが大切だという。

トラブルが発生したら、大人は子ども同士で解決できるのかどうかを見極める。子どもたちで解決できないなら、大人はどう支援するか。子どもが自分で考えられるよう、感情と行動を振り返るような問いかけから対話を行う。

子どもに問いかける内容は次の三つ。「どうしたの？」「どうしたいの？」「どうしてほしいの？」。まずは何に困っているのかを聞く。次に、これからどうしようと考えているのかを聞く。最後に、先生（保護者）に何か支援できることがあるのかを聞く。

トラブル発生は、きちんと対応できれば、子どもたちがかつて放課後で修得していたコミュニケーション能力や問題解決能力を高めるきっかけにできる。だからこそ見逃してはいけないのだ。トラブルから学ぶ子どもたちが増えれば、その後のクラス運営や学校運営の改善にもつながる。

演劇教育でいじめを予防

劇作家で芸術文化観光専門職大学の学長、平田オリザは、長年、演劇教育で対話の力をつける授業を全国の小中学校で実践してきた。私もミニ講演会でその模擬授業に生徒役として参加したことがある。平田は、現在暮らす兵庫県豊岡市ですべての小中学校で演劇教育を導入。話し合いが得意な子が増えたり、他の授業でも発言する子どもが増えたりといった成果が生まれている。一体、どんな授業なのか（以下、2023年2月7日放送のNHK『視点・論点』より）。

たとえば、「転校生が来た」という短い劇（スキット）をつくる3時間の連続授業がある。1時間目は役を決めて、台詞を言いやすいように台本を書き換えたり、動きを考えたりして上演してみる。2時間目はワークシートを使って自分たちで台詞を考える。3時間目は発表と振り返りだ。

子どもたちは劇を通して、役割分担や、話し合いの中での時間管理の大切さを学ぶ。平田は最後の授業で次のように話す。

「皆さん、今日は演劇の授業を楽しく受けたと思います。でも難しかったところもあったでしょう。一番難しかったのは、どの班も時間配分だったと思います」

「今日の演劇の授業では、役を決めて、せりふを考え、練習をして、発表までしなければなりませんでした。ある班は役を決めるのに時間がかかりすぎたり、ある班は一つのせりふにこだわって先に進めなくなってしまいました。ジャンケンで決めていいこと、2~3分で結論を出さなければならないこと、とことん話し合わなければならないことを区別できるようになるのが大人になるということです。これから中学高校と、話し合いの授業が増えていきます。そのときに、今日の演劇の授業のことをちょっと思い出してもらえればと思います」

平田は、演劇教育の強みは、どの子にも居場所をつくりやすい点にあり、最大の目的は他者理解にあるという。

異なる価値観を持った他者を認める。さらにその他者と、どうにかしてうまくやっていく。たとえば、何が好きか何を面白いと思うかは人それぞれだ。兄と弟がいて母親から「梨と柿、どっちかなら今、食べてもいいけど?」とお題が出る。兄弟二人の意見は食い違う。それなら話し合って、一定の時間内に結論を出して、母親にきちんと伝えなければならない。話し合い、対話を通して、折り合いをつけるわけだ。

平田によると、先進国の中で、日本だけが演劇を学校教育に取り入れる活動が、大きく遅れてしまっているという。

これだけ人々の価値観が多様化し、分断が懸念される時代にあって、演劇を通して他者の心情や視点を理解しようとする機会は、もっと学校に取り入れてほしい。だが、なぜ政府は消極的なのだろうか。かつて演劇は、社会風刺の色合いが強い時代があった。もしかしたら、未だにそうした政治色を忌避する人々が、水面下で抑止しているのかもしれない。だが、そんなことをしている場合ではない。日本の子どもたちの幸せのために、国は、むしろ「使えるものはなんでも使う」くらいの度量を見せてほしい。

〝多様さ〟を乗り越え「対話」を増やす

対話は簡単ではない。だからこそ、演劇など多様なアプローチが必要だと感じる。プラトン研究の第一人者、東京大学教授の納富信留によれば「形式的に向き合って話せば、それが対話かと言われるとそうではない。一人一人が違うという認識を持ちつつ、相手を尊重して理解し合う形に持っていくのが対話です。自分の意見は否定され、傷つくから覚悟が必要です[※13]」とのこと。

対話は難しい。だが、これからの時代、ますます求められる。対話を通して、様々な分断を乗り越える力をつけなければならない。学校では、もっと対話を取り入れていく。話し合いの機会を増やす。他人と自分は考えが違うと知る。多様な価値観を学ぶ。次第に違いや多様性に寛容にもなれる。落としどころを探る。

対話の中で子どもたちが多様な価値観に触れる機会があれば、ぜひ、触れてほしい研究がある。米国ミシガン大学教授のイングルハートらが、世界56ヶ国・地域を調査したところ、「多様な生き方に対する人々の寛容さ」が高まると、「人々の幸福感」につながることが分かった。※14

子どもたちの幸福のためにも、学校では多様性に寛容であることの大切さを説いてもらいたい。それがいじめ予防にもつながる。

発達障害への適切な対応

生まれつきの脳機能の障害が原因とされる発達障害への適切な対応もいじめ予防には不可欠だ。

年齢に比べて落ち着きがない、注意が持続しにくいＡＤＨＤ（注意欠如／多動症）発達知的発達に問題はないが読み書きや計算が困難なＬＤ（学習障害）。対人関係を築くのが苦手だったり、こだわりが強かったりするＡＳＤ（自閉スペクトラム症）などがある。

文部科学省が2022年に実施した、全国の公立小中高校の通常学級に通う児童生徒を調査した結果によると、発達障害の可能性があるとされた児童生徒は小中学校で8・8％、10年前の調査より2・3ポイント増加した。ちなみに高校生でも2・2％で、一定数、発達障害の傾向がある生徒がいることが明らかになった。

こうした子どもたちは、いじめの被害に遭ったり、加害者になったりしがちだ。「普通」の子たちと同じように行動できないから、注意されたり、からかわれたりする。一方、そうした他人の小さな差異がどうしても気になってしまう子どもたちもいる。彼らは注意したり、嫌みを言ったり、むかついた末にいじめてみたりする。

こうした症状ができるだけ出ないように、一人一人の個性や尊厳や特性を潰さず大切にしながら、平穏に学校生活を送らせてあげたい。一人一人は違っていいんだよ。多様性は学校や社会の力にもなっていくんだよ。そんな考え方を対話や授業などで教室に浸透させたい。

だが日本では「同調圧力」がとても強く、「世間」が重視される。学校も同じで、「空気を読んで」いる子どもたちが頂点に立つ。「スクールカースト」とまで称されるピラミッド的構造の中で異分子は排除されがちになる。そうならないよう教員たちの力量が試されている。

発達障害を減らす方法は

だが教員たちの対応力には限界がある。発達障害のために通級指導を受けたり、特別支援学級に通ったりしている子どもの数は10年以上増加傾向にあり、歯止めがかからない。そろそろ社会全体で発達障害の子どもたちを一人でも減らし、少しでも症状が軽減される方策も探りたい。

環境脳神経科学情報センターの木村—黒田純子（医学博士）によると、発達障害の急増には何らかの環境要因が関与していることが強く示唆されている。たとえば自閉症は当初は遺伝要因が大きいとされてきたが、その後の研究では遺伝要素は4割未満で、6割は環境要因という研究も出ている。[※15] 環境要因は、栄養状態、養育環境など多様だが、中でも1950年代から急増した環境ホルモンや殺虫剤（農薬を含む）など発達神経毒性を持つ有害化学物質の曝露が疑われている。だが日本での規制は欧米に比べて甘いものも多い。

たとえば農薬などで使用される有機リン系のクロルピリホスは、ＥＵでは２０２０年に登録が抹消され、アメリカでも食品用としては禁止されたが、日本では未だに使用されている。１９９０年代から使用が急増したネオニコ系殺虫剤も、虫だけでなく哺乳類の脳にも悪影響を及ぼすとの論文も多数出ていて、発達障害急増のリスク因子となっている可能性もあるが、日本での禁止や規制の強化は進んでいない。[※16]

安易な薬の使用に注意

小児科医の本間真二郎は、自然に沿った生活をすることで、発達障害の発生自体を防いだり、発症したあとでも症状を大きく改善できたりすると考えている。[※17]

発達障害は「生まれつきの脳機能の障害が原因とみられる」とされているが、では、なぜ脳機能に障害が出るのかなど、詳しいことは分かっていない。厚生労働省に聞いても、遺伝と環境の両方が関係しているという。本間によると、西洋医学だけにとらわれない総合的な研究では、発達障害の原因として、アレルギーや栄養障害、重金属、化学物質などが関係しているという。

これらすべての状態に腸内細菌がかかわっているので、自然に沿った生活の中で腸や腸内細菌の状態を整えることが重要だという。他の研究でも、腸内細菌が、脳の発達、自閉症、心の病気、人格・性格行動、学習、認知能力、ストレス応答などに及ぼす影響が次々と明らかになっている。たとえば、欧米では、自閉症を含めた発達障害に対する食事や栄養療法が注目されていて、高い効果が認められているそうだ。

本間によれば、発達障害に見られやすいとされている症状の多くは、障害のない多くの子どもにも見られるもので、明確な区別は不可能だ。たとえば、空気が読めない、長い間座っていられない、相手の意図を汲み取れないなどは、家庭環境・教育環境・対人関係などの要因でも生じるとされる。

また現時点で発達障害を根本的に治す治療法はないとされ、対処には大きく分けて、教育・療育と症状をコントロールする薬物療法があるが、安易な薬の使用には注意が必要だという。おとなしく、扱いやすい子どもになるために、症状を抑えるためのあらゆる薬が使われ、多剤大量使用になりやすく、薬により修飾された新たな症状が加わることになるという。

国連「子どもの権利委員会」も、2010年、日本での発達障害の子どもの増加について、家庭と学校の環境要因によるところが大きいとの見立てを公表した。「この現象が主として薬物によって治療されるべき生理的障がいとみなされていること、および、社会的決定要因が正当に考慮されていないことを懸念する」と日本政府に勧告している。[※18]

２０１９年にも同委員会は、日本は「子どもが注意欠陥・多動性障害（注意欠如・多動症）をともなう行動上の問題を有している旨の診断および精神刺激薬によるその治療が増加している一方で、社会的決定要因および非医学的形態の処遇が等閑視されていること」を「深刻に懸念する」と述べた。つまり、薬にばかり頼って、他の改善されるべき要素が無視されて放っておかれていると批判したのだ。[※19]

できるだけ薬に頼らず、教育や療育などで最大限の支援をしつつ、環境を調節し、保護者や教員などの親密なかかわりによって自尊心を向上させることで、症状が大幅に改善する。そんな方策をもっと積極的に探り、広めていきたい。

食事で行動や習慣が改善される子どもたち

毎日の食事は子どもたちに大きな影響を与える。学校給食も子どもたちの心身に直結する。たとえば、アメリカの少年院に入所している子どもたちを、砂糖を大幅に減らした食事のグループとそうでないグループに分けたところ、砂糖を大幅に減らしたグループは、通常グループより反社会的行動が46%減った。日本でも給食を変えて、荒れた学校が変わった例がある。[※20]

長野県真田町（現・上田市真田町）の教育長を務めた大塚貢は、中学校の校長としていじめ・非行・窃盗など毎日のように問題がある、荒れた学校に赴任した。大塚は、授業改革や花壇の整備を行った他、給食を改善することにした。まず、問題を起こす子どもたちの食事を調べたところ、朝食をとらない、パンなどの洋食、ハムやウインナーなどの肉類やレトルトカレーが多い、ジャンクフードが多いなどの特徴があることが分かった。

そこで朝食を食べるよう指導し、給食を変えた。和食を中心にした地産地消の食材で、化学農薬や化学肥料を使わない有機（オーガニック）栽培か低農薬のコメや野菜を使った。メインのおかずはイワシやサンマの甘露煮、ワカサギやシシャモなど丸ごと食べられる魚で、肉類や乳製品を少なくした。

その結果、生徒に大きな変化が生まれたという。読書をする生徒が増えた。非行事件がほぼゼロになった。不登校もいじめも激減し、学力が向上した。生徒の心身だけでなく、素行や行動、性格にまで影響を及ぼしたようだ。

大塚が旧真田町で教育長を務めていたのは合併前のこと。真田町は上田市と合併して17年が経った。今、真田地域の学校給食は、残念ながら当時とは異なる。コメなど和食を中心とした給食の提供は引き継がれているが、力を入れていた食材の地産地消は、生産者の高齢化などで難しくなってきている。また有機農産物についても取り組む農家が少なく、生産量も見込めず、調達していないという。

貧富の格差もあり、各家庭での対応力には限界がある。日本の学校は、食についてももっと真正面から向き合っていくべきではないだろうか。

「食育」の先にあるもの

学校による有機農業（オーガニックファーム）へのかかわりについて、アメリカの事例を見てみよう。地産地消の有機野菜をたっぷり使うカリフォルニア州の人気レストラン「シェ・パニース」店主、アリス・ウォータースがライフワークとして行っているのは、「エディブル・スクールヤード（食育菜園）」活動だ。学校の校庭で生徒が作物を共に育て、共に調理し、共に食べ、生命のつながりを学ぶ取り組みで、子どもたちの人間としての成長を促す機会となっている。日本の「食育」の先を行く。

彼女がこの活動を思いついたのは、刑務所に、セラピーの場としての畑、自然と触れ合える場所をつくったことだった。トマトやハーブが並び、夏カボチャが生い茂り、温室もある。刑務所で農作業をしていた青年の一人は、「僕は話すのにふさわしくないかもしれません。まだ今日が作業して一日目だから。でも、今日は人生で最高の日です」と話したという。[※21]

「刑務所だけでなく、こんな素敵な体験が学校でもできたら」と彼女は動き、スクールヤード活動として実現していった。

有機農業と教育の相性

ここ数年、『報道特集』で私は持続可能な農業についての取材もしている。先程触れた化学農薬については、2021年11月に「ネオニコ系農薬　人への影響は」を放送。[※22] 翌2022年9月には、「有機農業の未来は?」を放送し、[※23] それらをベースに「協生農法」についても追加取材して、2023年にはドキュメンタリー映画『サステナ・ファーム　トキと1%』を初監督した。

化学農薬も化学肥料も使わない有機農業を学校教育に取り込む千葉県いすみ市の活動は、いじめ予防の面でも注目に値すると感じた。有機農業と教育は、循環を活かしながら健康に育つものとして、とても相性が良さそうだ。

いすみ市は、有機米を普通のコメの1・5倍の価格で買い取って学校給食として提供している。今やすべての小中学校の給食を「有機米」にすることに成功し、野菜の有機化も推し進めている。

子どもたちは有機米づくりを一年間、様々な体験を通して学習する。田んぼにも泥んこになりながら入る。クモなどの益虫が害虫を食べてくれる食物連鎖などを通して生物多様性の学習もできる。色々な生き物がいることの価値を体感する。地球には様々な生き物が、そして人間だって色々いたほうがいい。多様性のよさを実感する。

いすみ市では、子どもたちが農作業で身体も動かすうえに自分たちでつくる美味しい有機米を食べられるからか、給食の残食率もどんどん減った。心身ともに元気になる。コロナ禍もあって子どもたちの体力低下が指摘される中、こうした自然の循環を感じながら学習することは、これからの教育でもますます重視されてほしい。

子どもたちがそれぞれ役割を果たしながら、美味しいものを自分たちで育て、それを食べる。そんな当たり前のことがなかなか体験できない現代社会で、こうした自然に近い体験を積み重ねることは、遠回りに見えるかもしれないが、いじめ予防にもつながるのではないか。

有機（オーガニック）給食の普及は、全国の自治体にも広がりつつある。

日本の動きは加速しているが、フランスなど有機農業の先進国は先を行く。２０２２年から公共給食に持続可能で高品質な食材を50％、うち有機食材を20％使用することが義務化された。

北欧では、スウェーデンが２０３０年までに公共調達の有機食材を60％に、デンマークでは２０３０年までに90％が目標だが、すでに首都コペンハーゲンでは90％を達成しているという。

学校給食など公共の場での食材供給を軸にして、日本でももっと有機農業（オーガニックファーム）が広がり、子どもたちが積極的にかかわっていくことを願いたい。

もっと自然とつながる

有機農業などを通して自然とつながることが、いじめ予防にも効果をもたらすと考える理由は他にもある。自然の持つ力が心身ともに良い影響を及ぼすことが最新の科学でも裏づけられているからだ。

２０００年に入って脳活動や自立神経活動の計測法や機器が進歩し、人の体の変化を測りやすくなってきた。千葉大学名誉教授の宮崎良文らは、２００５年から２０１８年、全国63ヶ所の森林で大学生ら７５６人を対象に森林浴の効果を調べた。

その結果、市街地（都市部）を15分、ゆっくり歩いたときに比べると、森林を15分ゆっくり歩いたときの方が、リラックス時に高まる副交感神経の活動が72％上昇していた。一方、ストレス状態になると高まる交感神経活動は17％低下した。15分間、森林を眺めているのと市街地の風景を眺めているのを比べても、同様の結果が見られた。こうした体の反応は、ゆっくり森林を眺めていたり、葉ずれの音や小川のせせらぎを聴いたり、木の香りを嗅いだりする五感の刺激から得られるという。[※24]

宮崎は、「いじめる側にもいじめられる側にも、ストレスが関与していると思われます。個人差はありますが、自然に触れると人はリラックスし、一般的には鎮静化します。生理状態が、本来の人としての適正な状態からずれているストレス状態にある場合、自然が効果を持つ可能性があります」と述べる。

米国アラバマ大学教授のユンらの調査によれば、自然豊かな公園で20分以上過ごすと、活動量とは無関係に幸福感が高まった。シンガポール国立大学のニエムらの実験では、自然公園で20分以上歩く場合、幸福感をより高める要素が4つあったという。①より長時間歩く。②自然とのつながりを感じる感性が強い。③公園が混雑していない。④公園の動物多様性が高い。※25

幸せなどについて社会学的に研究している京都大学教授の柴田悠に聞くと、「自然豊かな（とりわけ動物多様性の高い）場所で、20分以上過ごすという体験を、もっと学校生活でも増やすことができれば、生徒の幸福感が高まり、いじめが減るかもしれません。自然とのつながりや自然の多様性を感じながら、自然豊かな場所でできるだけ長く過ごすことが、幸福感を高めます。教室という狭い空間での生活を減らして、自然のある校庭などでの時間を増やすことができれば、クラスの息苦しさが緩和され、息苦しさのストレスのはけ口として誰かをいじめたくなるという状況も緩和されるかもしれませんね」とコメントを寄せてくれた。

また柴田は、さかなクンの絵本『さかなのなみだ』（リヨン社）を引き合いに、「狭い水槽にメジナたちを入れたら誰か一匹だけがいじめられる。広い海の中ならそうはならないのに、小さな世界に閉じ込めると、なぜかいじめが始まるそうです。子どもたちにも自然豊かな広い場所に出ることを勧めたいですね」とも語った。

自然と近づく活動を学校生活の中にもっと取り入れれば、子どもたちのストレスを軽減させ、幸福感までも高まる可能性がある。それはいじめ予防にもつながるのではないだろうか。

最近では、都会の学校でも、屋上に農園をつくるといった取り組みが少しずつ広がっている。東京都新宿区立柏木小学校では、テニスコート5面分の屋上のほぼ全面を農園にし、児童や保護者が中心となって、大根や小松菜、イチゴやスイカなど20種類も育て、年間1億トンもの青果の収穫があるという[※26]。要は工夫次第だ。

いじめを生む「ブラック部活」

学校のブラック部活もいじめの温床になっている。『報道特集』では2023年1月14日に「ブラック部活はなぜ続く?」を放送した[※27]。

部活動の時間が極端に長く、「必要ない!」「使えない!」といった顧問による暴言やパワハラで、生徒が追いつめられる「ブラック部活」。不適切な部活運営が一因でいじめが発生し、自殺につながるケースもある。

2018年1月、中学1年の娘・華子《かこ》（当時13歳）を自死で亡くした名古屋市に住む齋藤信太郎は、背景に「顧問の教員の不適切な対応があった」と語る。

一家は、華子と暮らしていたマンションの一室に今も住んでいる。実はその部屋からは、華子もいたソフトテニス部の活動場所である校舎屋上が見える。

「華子は一人だけあとから転校してきたので、ユニフォームもみんなと違う服を着ていて、一人だけ目立っていました」

小学校の卒業式で華子は、将来の夢を「美容師になること」と元気に宣言していた。中学に進学すると、9月に転校し11月、ソフトテニス部に入った。それからわずか2ヶ月後の自死だった。その日は、冬休みを利用した正月合宿が始まる日だった。部活の合宿は学校で禁止されていたが顧問はあくまでも〝クラブ活動〟の合宿と称していた。華子は、早朝、マンションの最上部から飛び降りた。

「手すりに華子の足跡が残っていたので、このまま真下ですね。今も自転車置き場の屋根がちょっとへこんでいると思います。当時は1月なので、その時間はまだ真っ暗。華子が何を思って暗い街を見ていたのかなというのは、今も分からないです」

信太郎は今も華子を納骨できずにいる。ネックレスに華子の遺骨の一部を入れて常に身に着けている。

ソフトテニス部は、県の大会で準優勝したこともある強豪だった。そこに初心者の華子が入った。

「最初に華子が部活を選んだとき、家に持ってきた部活のルール表、A4用紙1枚にびっしりと書いてあるのを見て、引いたのは覚えています」

メモには30を超える決まり事があり、中には、「先生方や先輩の前や後ろを通るときは、『失礼します』『すみません』と一言かける」といった礼儀作法、そして「部活を休んだ場合、その日みんなが内周を走っていたら3周たまる」、つまり一回休めば、その分を、次の練習で走らされるというルールもあった。

信太郎によると、顧問は熱心で「勝利至上主義」だった。部員間の関係は円滑ではなく、華子の同期八人が次々と退部した。

ある部員からは「他の部員に陰口を言われた」と顧問に相談したのに、「『嫌だからやめてくれないか』と言ったらいい」と返されただけだった、という証言も出た。

ソフトテニス初心者の華子も、11月に入部後、すぐにいじめられるようになった。

華子が他の部員に練習相手を頼んでも、手伝ってもらえず無視されていた。それでも華子は一日でも早く、みんなに追いつこうと頑張っていたという。

そして12月、ダブルスの試合では、こんなことがあった。信太郎が語る。

「不慣れな試合に出て、本人は一生懸命やっていたと思うんですけど。当然ミスしますよね、初心者だし。それに対して華子が、ごめんね、ごめんね、ごめんねって何度も謝っていたと。その試合のあとかな、部活の顧問の先生が華子に声をかけているようです」

顧問は何と言ったのか。華子がつけていた部活ノートに、その言葉があった。

「負けそうになったときに負けオーラが出ていて、勝とうとする気持ちがあまり見られない。あまり応援したくなるような試合じゃなかった」

続けて、「勝てる可能性はあるから最後まで諦めないこと！」ともあったが、信太郎は、「応援したくなるような試合じゃなかった」という言葉が、華子を傷つけたのではないかとみている。

「顧問の先生曰く、激励のつもりでかけた、みたいなことを言われているようですけど。13歳の女の子が、恥ずかしい思いをして一生懸命試合に出て、しかも負けて、顧問の先生からそう言われて、『よし明日から頑張ろう』と思いますか？　顧問の先生の一言っていうのは娘の心に突き刺さったと思う」

顧問によるその後のフォローもなかった。信太郎は憤る。

「ついてくる子はついてきたらいいし、ついてこられない子は切り捨てちゃうみたいな話。切り捨てられた子は誰がフォローする？　誰もしない。それはやっぱり非常に大きな問題だと思いますね。一人でも多く、誰かを蹴落とさないと、レギュラーの枠に近づけない。やっぱり娘が望んでいたのは違う環境だったんだと思います」

華子は、この試合の2週間後に自殺した。第三者委員会によると、自殺の一因は部活でのいじめ。部員間の関係悪化の背景には、顧問の部活運営の問題があると指摘した。

なぜ、ソフトテニス部の問題は見過ごされてきたのか。同じ学校に勤めていた教員が取材に応じた。「強豪の部活動については口を挟むのが難しいという現場の状況はあります。どうしても遠慮するところがあります」。

部活での好成績は、学校のイメージアップにもつながり、校長らも、指導法に異議を唱えにくかったのではないかという。また、近年問題になっている、教員の長時間労働も「ブラック部活」を生む原因の一つだと話す。

「先生たちの長時間の労働、長時間労働して自分自身の人権に疎くなってしまうと、子どもだけじゃなくて、職場の同僚や他者に対しても、人権に疎くなってしまう。そんな裏表の関係にあるのでは」

脱ブラック部活に向けて

ブラック部活の解決策を探ろうと、鹿児島県立川内高校も訪れた。川内高校は県内有数の進学校だが、部活動も盛んだ。中でも強豪のバスケットボール部の指導法が注目されている。

監督の田中俊一は、ウナギの養殖業を営んでいる。この学校では、教員の負担を減らす意味でも、一部の部活を田中のような外部指導員に頼っている。30年間、指導してきた田中だが、以前は体罰を交え、パワハラ的な指導をしていたと吐露する。「私も昔は、厳しい指導をしていました。体罰も。生徒に対しても、絶対しなきゃダメだろ！　というネガティブな発想はたしかにあった。何でいかないんだ！　という表現ですよね」。

ところが2012年、田中の指導法を変えさせる事件が起きた。大阪市の桜宮高校のバスケ部キャプテンの自殺だ。「なぜ僕だけがあんなにシバきまわされなければならないのですか？」などと書かれた顧問への手紙が見つかった。

田中は言う。「僕も、本当にこれじゃいかんなという意識にさせられたんです。もう絶対にやっちゃいけないと思いました。ダメだから怒るんじゃなくて、もっと違う方法はないかなという考え方、そこが大事だと思います」。

事件後、田中は、体罰やパワハラ的な指導をやめた。練習は、平日1時間半、休日2時間半と、短時間にした。週1日の休養日も設けた。そして何より、生徒の自主性を重んじる指導法に変えた。声掛けは最低限に。自分のプレーを振り返るための問いかけにできるだけ絞った。そうすることで部員たちが自ら学び、成長できるようになったという。バスケ部は毎年のように、県大会で優勝を争っている。

「子どもたちが自分たちで取り組むということが一番大事。子どもたちがしっかりすればいい。しっかり目標を持って、この練習でいいのかな？　この状況で今のがベストだったのか？　そりゃ失敗はしますよ。失敗をいい方向にさせていくのが指導者の仕事ですよね」

根深い「ブラック部活」の温床は

2012年の桜宮高校バスケ部キャプテンの自殺という問題を受け、翌年、スポーツ界の複数の団体は「暴力行為根絶宣言」を採択した。たしかに、その後、殴る蹴るといった体罰は減っている。だが、ブラック部活が根絶されたとは言い難い。

2018年には、岩手県立不来方高校バレーボール部員だった新谷翼が、遺書に部活顧問の教員から度重なる叱責を受けたと記して自殺した。

「日本スポーツ協会（JSPO）」に寄せられる被害相談の件数は、コロナ禍で一度は減ったものの、その後は再び急増。2022年度、過去最多の373件に上った。「日本バスケットボール協会」が2021年、12歳以下の選手の保護者を対象に実施したアンケート（9332人が回答）では、指導者の「暴言がある」との回答が30・6％に上った。問題のある言動や行動があった場合、改善を訴えやすいかどうかについては、5割が「訴えられない」と回答している。

「罰走」や「精神的な痛み」を与える指導といった新しいタイプのものに、被害の中身は変化していると日本体育大学教授（医学博士）の南部さおりは指摘する。現状と対策を詳しく聞いた。

――最近のブラック部活の傾向は？

目に見える体罰が減ってきた代わりに、体を痛めつけるような指導が増える傾向にあります。たとえば罰走です。試合で負けたからとグラウンドを何十周も追加で走らせることで痛みを与える方法などに変わってきたと思います。それから精神的に痛めつける言葉を投げかけることも目立っています。

日体大の教え子も、中高生の頃を振り返って「まだ殴られた方がマシだった」と言うのですね。つまり生徒も殴られるよりも人格否定をされたり、傷つく言葉を言われたりする方がこたえる。それを顧問も気付いているがゆえに体罰ではなく、あえて言葉でいじめ抜くことをやっているのです。

――暴力が禁止されても、なぜ顧問の教員は別の形で「ブラック部活」を続けてしまうのでしょうか？

教員からすれば様々な期待がかけられているのに結果が残せないと、「自分はここまで頑張って指導しているのに、どうしてお前らはこんなふがいない結果しか出せないんだ！」と八つ当たりのような厳しい指導をすることは、十分にあると思います。

部活動の顧問は、ボランティア的な要素が非常に強いので、たとえば家庭生活を犠牲にしてまで、生徒たちの試合や練習に付き合っている。犠牲を払っているのに結果が出せなければ、非常に悔しいというか、八つ当たりしてしまうのはあり得ると思います。

――顧問らが不適切指導を続けてしまう背景には何があるのでしょうか？

まず挙げたいのは勝利至上主義が根強く残る学校の存在です。部活動で強い学校はそれなりに名前も売れたり、受験者の獲得にもつながったりします。部活動が強いと、地域でも「健全な学校」というイメージがつきます。

他には、顧問が生徒だった際に受けたパワハラ指導を繰り返してしまう「世代間連鎖」があります。顧問が「体罰は効果がすぐに出る」と思い込んでしまっている問題もあります。顧問が部活動を好きなあまりに、子どもたちに熱さを押し売りしてしまうという問題もあります。

いわゆるモンスターペアレンツなど、保護者の過剰な期待も大きいですね。たとえば「うちの子は勉強が全然できないけど、スポーツなら得意だから何とか部活で結果を残させ、進学や就職等に有利になってほしい」と願い、顧問にプレッシャーをかけるというようなケースです。

――大人たちが部活動に過剰に期待してしまう。構造的な問題もあるのでしょうか？

全国大会とか夢の舞台が用意されているというのはすごく大きいと思います。大きな大会で成績を残すことが生徒・学校・保護者のためにもなるという考えから、どんどん推し進められていくことがあると思います。

その意味で、あえて私の個人的な意見として踏み込んだことを言いますと、中高生の全国大会はなくしていく方向が望ましいと思います。都道府県の大会までの規模で行い、「負ければ終わり」のトーナメント方式ではなくリーグ戦方式で、無理のない日程を組むようにするのがいいと思います。

トーナメント方式だとどうしても勝ち進まなければならないため、エース選手に無理をさせてしまい、結果として故障して選手としての前途を絶たれるというケースはこれまでにいくつも耳にしてきました。また、大事な局面でミスをした選手を指導者が精神的に追い込み、部に居づらくさせたり、トラウマになったり死にまで追い込んだりするような事例も出ています。

リーグ戦方式であれば、対戦校のレベルに応じて出場選手を入れ替えるなど、できるだけ全員に出場機会が与えられるようなチームづくりもできるのではないでしょうか。都道府県の人口規模が大きい場合にはブロック分けをして、無理のない試合日程で行うことも必要でしょう。

――「ブラック部活」予防のために、部活顧問はどう変わるべきでしょうか？

顧問たちには、もっと広い視野を持ってほしいです。たとえばスパルタ的な指導は、選手の芽を摘んでしまいます。部員が辛い思いをして、何とか3年間やり抜いたとしても、次のステージでは「もう苦しい思いをしたくない」と、競技をやめるケースが非常に多いのです。

一方、海外の指導者は、たとえば中学生なら「中学時代はこれからの長いスポーツ生活の中で通過点に過ぎないのだから元気に送り出してやろう」という気持ちで育てるので、決して無理をさせないように、その世代に応じたやり方でのびのびと競技に打ち込むことのできる環境を整えるんですね。

しかし日本の指導者は、どうしても3年間で結果を出してやらなければならないと考えてしまう。どうしてもこの大会で勝利を味わわせてやらなければならないと、目の前の成績ばかりにとらわれてしまうので、無理な指導になってしまう面があると思います。

――学校の校長や教頭は「ブラック部活」にならないよう、どう管理すべきでしょうか？

部活動を閉鎖空間にしないよう常にオープンにして、たとえば保護者も地域の人も見に来ていいとか、他の学校の指導者や部員たちも自由に見学していいとか、オープンな環境にすべきだと思います。

逆に、指導者もどんどん他の学校に行って、他の指導者の指導の仕方を見学するような機会を増やすといいと思います。オープンにすることで指導者同士の学び合いも生まれます。他校の人々や地域の人たちとの交流もできるようになると思います。

たくさんの目にさらされると、「襟を正さなければ」と自覚せざるを得なくなります。これからの部活動は、地域に開く、どんどん開かれた場になっていく必要があります。その第一歩として、たとえば校長や教頭など管理職が部活動をしょっちゅう見に行く。それから他の学校の校長先生や先生が見学する。そうした機会をたくさん設ける工夫もあったらいいいと思います。

――「ブラック部活」解消のために国に求めたいことは？

もう少しスポーツ教育の分野にもお金をかけるべきです。人材も集まります。いい指導者が残ります。そうなると、悪い指導者は淘汰されていきます。

どうしても学校の先生が手弁当で、家庭を犠牲にしてまで無理して指導している構造では、ここまでやっているんだからということで、指導のあり方が、非常に独裁的な体制がつくられやすいのですね。ボランティアでお願いしているのだから、多少おかしな指導をしていても、管理職も文句が言えなくなる。だから、きちんとした報酬を与える。その代わりに、きちんとした科学的な指導をやりなさい、という形で強く言えるようにするのが大事じゃないかと思います。

長時間の部活動を防ぐためにスポーツ庁は2018年3月、「運動部活動の在り方に関する総合的なガイドライン」をとりまとめた。「週2日以上の休養日」を設ける他、活動時間にも「平日2時間程度」「休日3時間程度」と上限を設けた。ガイドラインは、中学校段階の運動部活動を主な対象とはしているが、「高等学校段階の運動部活動についても本ガイドラインを原則として適用し、速やかに改革に取り組む」との記載もある。

だが、2023年4、5月、日本高校野球連盟（高野連）と朝日新聞社が5年ぶりに、全国の加盟校（3818校）に行った高校野球実態調査によれば[※28]、監督たち（95・9％は教員または学校の事務職員）の休みは異様なほど少ない。「一カ月のうちの平均的な休み日数」を尋ねたところ、なんと「無休」と答えた割合が2割近く（18・0％）もいた。

同調査では5年前に比べ、頭髪の丸刈りルールは大きく減り（76・8％→26・4％）、平日の練習時間も「3時間以上」は5割（49・5％）から3割（31・8％）に減ったが、改革の取り組みは十分とは言えないのではないだろうか。

ブラック部活はいじめに直結している。ブラック部活から〝いじめ〟を学ぶ子どもたちもいる。この全般的な見直しも、いじめ予防には不可欠だと訴えたい。

学校トップの心構え

ここまで「学校」に焦点を絞って考えてきたが、いじめ予防のために、学校のトップは、どんな心構えが必要なのか。三人からのいじめ予防のアイデアを紹介したい。公立の学校も含め、学校トップの意識の持ちようは、その学校の色を大きく変えられる。だからこそ学校トップには期待したい。

一人目は、公立小学校の校長を長年務め、現在、私立湘南学園理事長の住田昌治だ。住田は、いじめの予防には、「規律・学力・自己有用感」を育むことが大切だと考えている。「話を聞く・挨拶をする・時間を守る・きれいにする・ケアリング」を土台に、集中して授業に参加し、基礎的・基本的な学力を身につけ、認められているという実感を持った児童なら、いじめに向かうことはないと考えている。

そのために学校は、すべての児童が生き生きと活躍できる場を準備することが必要だと語る。学習や生活だけでなく「たてわり活動」など、あらゆる教育活動を通じ、誰もが、安心して、豊かに生活できる学校づくりを目指す。特別活動を中心に児童自らが、いじめを自分たちの問題として考え、具体的・主体的に話し合う機会をつくり支援する。

結局のところ、問題になるのは、人間関係が生まれるよさと難しさの間の感情のコントロールだという。人間関係をどう整えるのかが、リーダーの大きな仕事だと住田は認識している。

二人目の学校トップは、「放課後NPOアフタースクール」を私と一緒に立ち上げ、現在は同NPO代表理事で、私立新渡戸文化学園理事長の平岩国泰だ。

平岩は、いじめは学校のクラスの空気も影響していると考えている。今の学校は余白がなく、子どもが選べることが少ない。そのため「やらされ感」が蔓延し、ストレスがたまる。同学園では、それとは違う方向で運営を進めようとしている。参考になったのは、アフタースクールの運営で、子どもたちの長所に注目し、それぞれの多様さを大切にする。そこから学ぶことが多かったと語る。

「私たちのアフタースクールは、いじめの予防に効果があると感じています。放課後の活動には、一般的な学校の授業にはない三つの特徴があります。まず、毎日メンバーが変わることです。アフタースクールでは毎日違う子が参加し、とりわけ異学年のメンバーと過ごします。クラスではうまくいかない子でも、新たなメンバーで気持ちを切り替えられます。年下の後輩の存在は大きいものです。自分が頼りにされる経験は人を大きく成長させます。またアフタースクールでは、それぞれの過ごし方が違います。放課後は多様です。遊ぶ子も、本を読む子も、くつろぐ子も、プログラムに参加する子もいます。どんな過ごし方をしたいかを自分で決めて、多様に過ごすことができます。当然、苦手なことよりも得意なことや好きなことをする時間が多く、自然とその子の長所に注目をする時間になります。三つ目は、距離の近いスタッフがいることです。アフタースクールの基本的なスタッフの人数配置は、子ども10人に対して大人一人。やはり通常授業に比べて目の届き方は違います。子どもたちは学校の先生よりもスタッフを身近に感じる人も多いので、放課後に子どもの悩みが共有されることも少なくありません。虐待が心配されるケースが、子どもの一言で発覚する場合もあります」

平岩は、これらの特徴は、今の学校にも取り入れられるのではないかと提案する。たとえば「毎日メンバーが変わる」ように科目や時期に分けてクラスを入れ替えたり、柔軟に編成したりする。異学年の活動を増やす。クラスをフリーアドレスにして自由な座席にする、など。

また「それぞれの過ごし方が違う」ように、アクティブ・ラーニングを積極的に取り入れ、答えのない問題に向かう機会を増やす。チーム担任制を取り入れ、多様な大人の目で見る。教員も保護者も、その子の長所に注目できる。

最後に「距離の近いスタッフがいる」ように、教員の数を増やす。地域ボランティアを教室や職員室に配置する、多様な社会人に授業に参加してもらう、など。

平岩は、「いじめ問題は学校現場や教育委員会だけの問題ではなく、日本社会が総がかりで対応すべき重要課題だ」と指摘する。

「精神論だけでなく、人・モノ・金をもっと投入して、子どもの世界を豊かにする。子どもたちが幸せになる国を目指すべきです」

自分の学びの居場所をつくる

三人目の学校トップは、『みんなの学校』で有名な大阪市立大空小学校の初代校長・木村泰子だ。大空小学校の校長を務めていた9年間に、いじめられて学校に行けなくなった子どもたちが50人以上、転校してきたそうだ。小学1年生の最初の2週間で排除され、6年生のラスト1年間に期待を込めて転校してきた子どももいたという。

そんな子どもたちが何事もなかったように、大空小では自分の学びの居場所をつくることができたと振り返る。木村は、その都度、子どもたちに前の学校と大空小との違いを問うた。すると子どもたちからの答えは、「空気が違う」。前の学校の空気は、「刑務所」「牢屋」「監獄」で、大空小の空気は「普通」だと。

そんな木村が考える、「いじめ予防」で最も大切にすべき視点は、「すべての子どもが学校で安心できる居場所をつくること」だという。

コラム③ 困っている子がいない学校を 『みんなの学校』初代校長・木村泰子

どんなに条例や規則やマニュアルを強化し、厳しい指導体制を実行しても、いじめはなくなりません。いじめられていることを大人に言わなくなり、一人ぼっちになってしまいます。困っている子が困らなくなる学校をつくる以外にいじめはなくなりません。

トラブルを生きた学びに変えるのが学校の学びです。「ジャッジ」ではなく子どもと子どもをつなぐ「通訳」に大人が徹することです。子どもは一人ぼっちにさえならなければ自死しなくて済むのです。

いじめられている子どもが安心して学校で学べる方法は、たった一つです。それは、いじめている子がいじめない子どもに変わることです。いじめる子どもには必ず原因があります。家庭で殴られている子どもは困ったら人を殴ります。いじめている子どもが安心すればいじめる行為は必要なくなります。勝負は小学校の教育です。

毎日の「おはよう」から「さようなら」までの学校生活の中で、困っている子どもに気付き、そっとその子のそばにいる多様な大人の姿が必要不可欠です。そのためには、学校の中に多様な空気を生むことです。

専門家がいればいじめがなくなる、なんてありえないですよ。文部科学省はスクールカウンセラーの配置を強化するとしていますが、子どもの日常を知る教職員が、地域住民が、自分事として困っている子どもに目を向けない限り、いじめは悪化するでしょう。学校はすべての子どもの「安全基地」であることを子ども自身が納得するためにも、学校の「当たり前」を問い直し、大人のやり直しが先でしょう。

いじめ予防の具体策ですが、学校の「当たり前」を問い直し、子どもが主語の学校づくりにすべての大人のチーム力を高めることです。学校の最上位の目的は、すべての子どもの学習権を保障すること。そして全教職員が合意し、常に目的がブレていないか、互いに自浄作用を高め、チーム力で子どもが育つ学校をつくることです。

学校がすべての子どもの「安全基地」であるかどうか。学校が「収容所」の役割をしてしまっていないか。校則を守らせ学習規律を守らせることが学校の目的になってしまっていないか。教員が子どもを結果としていじめていないか。「指導」は一瞬で「暴力」に変わることを教員は自覚しているか。これらを考え続けなければなりません。

今は認知能力をつけることが学びの目的になっていますが、「非認知能力」こそ学力の上位目標に置くべきです。そんな実践をしていかない限り、いじめはなくなりません。

学級担任制を廃止する。見せる学校をつくる学校に変える。「普通とされる子」と「特別とされる子」を「障害」を理由に子ども同士の学びの場を分断しない。そして、子どもを主語に変える学校づくりには、教員が人の力を活用する力をまずつけなければなりません。

子どもの安心はマニュアルではつくれません。子どもを変える前に大人の「自分」が変わることなくして、いじめの予防はあり得ません。

〈社会〉

これまで、子どもから家庭・教員・学校とズームバックしていく形で、いじめ予防について考えてきた。ここからはさらに広い視野、「社会」に目を移して、問題を検証する。

「事後的いじめ報道」からの脱却

いじめ予防を考える際には、私たちメディアの問題も避けては通れない。

はじめにで触れたように、いじめに関する報道は、自死など事件が起きたあとの

「事後的報道」が圧倒的に多く、「予防的報道」は少なかった。

「事後的」な報道としては、どんないじめがあったのか、そして、その後の対応がメインになる。だが、それでは再発防止の観点がおろそかになり、国のいじめ対策が事後的ケアに偏る一因になった恐れもある。

今後、力を入れるべきは「予防的な」報道だ。いじめ自死の背景を探る。どうすれば防げたのかを考える。いじめの芽を教員が見逃したタイミングはどこにあったのか、リスク発生の情報はなぜ教員間で共有されなかったのか、などの検証だ。報道としてはやりにくく、地味な取材が続くことになる。だが、これからは再発防止策を検討していくような報道を増やさなければならないと自戒の念を込めて思う。

いじめを助長するお笑い？

インターネットの普及により、今どきの子どもたちはテレビよりも動画投稿サイトのYouTubeを見ている印象がある。2021年11月、NTTドコモの「モバイル社会研究所」が関東1都6県の小学生・中学生とその親500人を対象に、子どもの動画視聴について調査したところ、小学生はわずかながらテレビ視聴が多かったが、中学生になるとYouTubeの視聴時間の方が長かった。

子どもたちがどんなものをYouTubeの番組（コンテンツ）で見ているのか。テレビのお笑い番組のようなものも多い。だが、YouTubeの番組は、テレビと違って玉石混交だ。コンプライアンス規定はあるが、テレビのつくり手側からは、基本的に「何でもあり」に見える。たとえば、「暴露系ユーチューバー」の前参議院議員は、YouTubeを使って脅迫を繰り返していた。結局、その動画が削除、「アカバン」されたのは、開設から5ヶ月後のことだった。アカバンとは、YouTube運営側のガイドラインや規約に違反したときなどにアカウントが凍結されたり、削除されたりすることだ。[※29]

この事例からも明らかなように、YouTubeのコンプライアンス規定は、すべての動画のチェックに追いついてはいない。いじめにつながるような心配のあるコンテンツ番組もある。

たとえば、他人の顔のユニークなある特徴（形状）をめぐり執拗に笑いをとるようなもの。「お笑い芸人」志望の当事者なら、そんな顔の特徴も、「いいね！」を稼ぐための道具の一つと割り切っているのかもしれないが、もし学校で一般の子どもたちが真似したら悲劇だ。「いじめ」につながる。

テレビにも似たようなお笑い番組がないわけではないが、あまりにもひどいものは自主的に排除されている。そんなテレビとYouTubeとの違いを生み出す一因となっているのがBPO（放送倫理・番組向上機構）だ。BPOは放送における表現の自由を実質的に確保すると共に、青少年の健やかな成長と発達にも資することを目的として、放送界が自ら設置した第三者機関だ。

テレビでは、BPOの青少年委員会の指摘を度々受け、制作者たちは「どこまでが許容範囲なのか」、常に考えながらお笑い番組をつくっている。それでも2022年4月に、一部のバラエティ番組が「いじめ場面の傍観を許容するモデルになることも懸念される」との新たな指摘を受けた（BPO青少年委員会「痛みを伴うことを笑いの対象とするバラエティー」に関する見解より）。

たとえばお笑い番組の暴力シーンについて。それ自体、子どもは模倣してしまいかねず放映には注意が必要だが、近年、罰ゲームやドッキリ企画で、視聴者へのインパクトを増すために、出演者の間では了解されていても、リアリティ番組として見えるように工夫されていることもあると指摘。さらにそうした「他人の心身の痛み」を周囲の人が笑う場面が入ることで、「人間をいたずらにもてあそぶような場面が不断に彼らの日常に横行して、彼らの深層に忍び込むことで、形成途上の人間観・価値観の根底が侵食され変容する危険性」が現実化しかねない、とした。

というのも、「他人の心身の痛みを嘲笑する」演出が、それを視聴する青少年の共感性の発達や人間観に望ましくない影響を与える可能性があることが、最新の脳科学的および心理学的見地から指摘されているからだ。

人が健全な社会性を獲得するうえで重要なのは、「他者の気持ちや意図を理解する能力の発達」だが、これらの研究から、子どもは「他者が慰められたり苦痛から解放されたりするシーンを見ること」で自分自身も解放され、自然に他者の困難を助けようとする共感性を発達させていくことが分かった。逆に、幼少時から苦痛や困難に苦しむ人が他の人によって慰められたり助けられたりする場面を見ないで育った子どもは、共感性の発達が障害される可能性が高くなるという。

幼少時に虐待を受けた子どもが、自分が親になったときに自らの子どもを虐待する率が高いこと（虐待の世代間連鎖）も、こうした共感性発達の障害が原因であると考えることができる。従って、「苦しんでいる人を助けずに嘲笑する」シーンは、子どもの中に芽生えた共感性の発達を阻害する可能性があるという。

アメリカを始めとする先進国において、過去60年間に蓄積された心理学・医学・社会学等の論文を分析した研究でも、暴力的な映像を日常的に視聴する青少年には、攻撃行動の増加および暴力に対する鈍感さや、援助行動などの減少と共感性の低下などの心理・行動の変化が起きることが確認されている。暴力的な状況下で被害者が痛みを伴う場面を繰り返し視聴することには、子どもの攻撃性を増す危険因子があることも実証されているという。

しかも、こうした子どもの攻撃性は、視聴直後に現れるとは限らないそうだ。6歳から10歳の子どもが攻撃的な場面の多い映像を視聴し続けたあと、その子どもが15歳から18歳になる頃に、攻撃的・反社会的行動の発現の頻度が高まることを示す研究があり、視聴の影響が潜在的に長期に及ぶことを示唆しているという。

ＢＰＯは、「テレビで演出される『他人に心身の痛みを与える行為』を青少年が模倣して、いじめに発展する危険性も考えられる。また、スタジオでゲストが笑いながら視聴する様子が、いじめ場面の傍観を許容するモデルになることも懸念される」と指摘したのだ。

　こうした厳しい指摘に常に晒されながら、テレビ局は、今日も、健全なお笑いを懸命に追求している。一方のYouTubeなどインターネットメディアは、このままの状態を放置していいのだろうか？　一般の人たちもこうした状況を把握しているのだろうか？

「普通の学校」そのものの見直し

　いじめを生み出す大きな原因の一つは、加害者たちのストレスだ。不登校や自殺の多さにもつながっている。先に触れた文部科学省による「問題行動調査」での〝過去最多〟の連発は、子どもたちからの悲鳴を反映している。いつまでこの現状を国は放置するのだろうか。

　政治家や官僚にも様々な人がいるが、中には次のように諦めている人もいるかもしれない。

「あ、そう。小中学生の不登校がまた過去最多か。通信制の高校もすごい流行っちゃっているみたいだね。まあ、〝普通の学校〟に来られない、適応できない、はみだしちゃう子どもたちが増えているんだな。それならフリースクールにでも通えばいいさ。

で、いじめの重大事態も過去最多なんだな。批判が大きくならないように、対策を政府が打っている雰囲気だけはちゃんと出そうね。高額所得者からは思うように税金がとれないし、福祉や医療とかで、キホン、この国、あんまりお金ないから。子ども向けだと、あまり大きな対策はできないよ。国の運営っていうのは、どうしても選挙で大票田になる高齢者優先になるよな。子どもたちはもちろん、ファミリー層だって、あまり選挙にも行かないし、ある意味、自業自得。仕方ないか……」

私の杞憂で、ここまでシニカルで下品ではないと願いたいが、この国では、根本的な「普通の学校」の在り方への反省や見直しへの本気度が、国民に伝わってこない。「普通の学校」に通えず不登校になりながら、学校内外の専門機関とつながっていない子どもたちも増えていて、今や4割近く（38・2%、2022年度）に上る。フリースクールもあるとはいえ、その費用は重く保護者たちにのしかかっている。これでいいのか。

なぜこんなに「普通の学校」では、子どもたちのストレスがたまるのか。一度、きちんと国際機関からの指摘に耳を傾けたほうがいい。日本政府も文部科学省が中心となって様々な学校改革を行ってきたが、これまでの改革ではまったくもって足りないのだ。改革の方向性が誤っていないのかも含め、見直そうではないか。その先に、学校そのものを変える方向性も見えてくる。

　はじめにで紹介した通り、日本の子どもたちの幸福度は低い。２０２０年「ユニセフレポートカード16」によると、日本の子どもたちの「身体的健康」は先進国38ヶ国中1位だったが、「精神的幸福度」はワースト2位で、37位だった。理由は二つ。「生活に満足している」と答えた子どもの割合が最も低い国の一つだったこと。もう一つは自殺率の高さだ。

　同じレポートでは、「スキル」も38ヶ国中27位と日本は低かった。スキルには2種類ある。「学力スキル」と「社会的スキル」だ。「数学・読解力で基礎的習熟度に達している15歳の割合」という「学力スキル」は先進国でトップ5に入ったが、「社会的スキル」はワースト2位だった。「すぐに友達ができる」と答えた子どもの割合の低さがチリに次いで2番目に低かったのだ。

　レポートでは「日本へのメッセージ」として「まず、子どもや若者へのメンタルヘルスのサービスの提供を真剣に考えなくてはなりません。精神的健康も健康の一部であり、身体的健康と同じくらい重要なことと考えることが大切です」と指摘。さらに、こう付け加えた。

「何かを変える時に人々の意識を変えることから始めなければならないということです。例えばいじめは、昔の考えではたいしたことではなかったのですが、今の考えでは、長期的に人生に影を落とす深刻な問題です。意識が変われば、それが保護者、学校を含め、人々の行動変容につながっていくと思います」

国連「子どもの権利委員会」の指摘

ユニセフだけではない。発達障害のところでも触れた国連の「子どもの権利条約」の指摘だ。「子どもの権利条約」は、1989年に国連総会にて日本も含め全会一致で採択されながら、日本は国内法の整備もせず、1994年になってようやく批准。それから30年近くが経過し、2023年4月、条約に対応する国内法として「こども基本法」がやっと公布された。

基本理念として「すべてのこどもについて、個人として尊重され、その基本的人権が保障されるとともに、差別的取扱いを受けることがないようにすること」。また、教育を受ける機会が等しく与えられ、子どもたちの意見を表明する機会や、多様な社会的活動に参画する機会が確保されることも謳われた。

なぜこれまで日本政府は、これほど「子どもの権利条約」の対応に消極的だったのか。批准してから5年ごとに行われてきた報告書の審査が、あまりにもズバリ、核心をつく厳しいことだったからではないか。そう穿って見てしまうほどの指摘が相次いでいた。

詳しくは、子どもの権利委員会にもかかわってきた弁護士の児玉勇二による『いじめ・自殺はなぜなくならないのか』（明石書店）を参照してもらいたいが、その指摘は日本の子どもたちが二つの困難に直面している、との内容だった。

第一は、高度に競争主義的な公教育制度のもとでのプレッシャーが原因となって、いじめ、不登校、自殺などの困難が子どもに生まれている。たとえば高校受験の際の内申点の獲得の競い合いなども、「敵に勝たなければ……」という意識を生み出しかねない。

第二は、親および教師など、子どもに接している大人との人間関係の荒廃で、これが子どもの情緒的幸福度の低さの原因となっている。背後には、労働規制緩和による大人の労働時間の長時間化などをもたらした新自由主義構造改革を構成する政策があるという。

そして2019年にも国連「子どもの権利委員会」は、第4・5回の総括所見で、日本政府への勧告をした。

学校関係でのいじめの問題については、2013年にできた「いじめ防止対策推進法」に基づいて効果的ないじめ対策を行うことや、いじめを防止するための反いじめプログラムおよびキャンペーンを実施することを求めた。

また、「競争的な学校環境の問題」については、社会の競争的性質により発達を害されることなく子ども時代を過ごせるよう、これまでにも求めてきた内容を改めて指摘。「過度に」競争的なシステムを含むストレスの多い学校環境から子どもを解放するための措置の強化を求めた。

それまでの「大いに」「非常に」「極めて」という表現を超え、「過度に」と一層言葉を強めて語られ、競争的な学校システムが限度を超えて学校環境をストレスフルなものにしているとの認識が示された。[※30]

子どもの幸福度世界一・オランダの教育

子どもたちの幸福度が低い元凶とも言える日本の教育システムを、どう変えるのか。方向として参考にしたいのは、先の「ユニセフレポートカード16」で子どもの幸福度が世界1位のオランダの教育だ。

九州大学大学院で比較教育学を専攻し、その後、オランダ人と結婚。オランダの教育や社会事情を発信し続けているリヒテルズ直子に聞いた。

オランダには受験が存在しない。中学入試も高校入試も大学受験もない。とはいえリヒテルズの『オランダの教育』（平凡社）にあるように、高校卒業資格の条件は厳しく、試験では測れない様々なスキルを学校が評価する。留年もありうる。

それでも偏差値による学校のランクづけもない。宿題もほぼない。子どもの成績に順位をつけることもしない。成績を得点数で並べたり、学力テストの平均点で競わせたりもしない。

能力はテストで測って数字で表せるものだけではないし、生まれつきの性格や能力、家庭環境による違いが人それぞれにあるのに、競わせるのは不公平だという思想がある。成長はそれぞれのペースでよく、それぞれの得意・不得意があるのは当然で、協働すれば大きな仕事ができる、ということを学ぶ。

一方で子どもたちが放置されているわけではない。基礎学力については、すべての子どもの発達が半年ごとにモニターされていて、それぞれの子の発達にあわせて教員は指導することが求められている。

学校の勉強は学校でするのが基本で、放課後は友達と遊んだり、スポーツクラブに行ったりして、音楽や美術などの活動を楽しむ。社会性や情緒の発達が重視されている。こうしたクラブ活動のような課外活動は学校では行われない。学校の違う子どもたちが出会い、違う人間関係が展開されるため、いじめの予防にもつながる。受験がないので塾も予備校もない。

中高は一貫教育だ。大学進学希望者は、そのための6年制のコースへ。将来、高度な専門技術を学びたい人は5年制のコースを選ぶ。これらのコースは中学に進む段階で概ね選択するが、変更も可能だ。その他に4年制のコースもある。中級以下の職業訓練に進むための準備をしていて、およそ6割の子どもたちが通う。

ちなみに大学進学の場合は、高校の卒業資格があれば志望するどの大学にも進める。志望者が多数なら以前はくじ引きだった。今は面接や志望理由を書く作文で決まる。

それでもオランダの学力が日本を大きく下回るわけではない。経済協力開発機構（OECD）が各国の15歳を対象に2018年に実施した学習到達度調査（PISA）では、日本には敵わないが、オランダも健闘している。数学的応用力では9位（日本は6位）、科学的応用力は15位（日本は5位）、読解力は26位（日本は15位）だった。

経済では日本を上回る指標もある。世界の主要64ヶ国・地域を対象にしたIMD（国際経営開発研究所）の「世界競争力ランキング」（2023年6月発表）では、オランダは5位、日本は35位だった。一人あたり名目GDP（2022年）もオランダは日本を上回っている（オランダ11位、日本32位・IMF統計）。

際立つ選択肢の多さ

オランダの教育の特徴は、選択肢の多さだ。一人一人の子どもの特性や個性によって、それぞれのニーズにあった教育が行われる。小学校の段階から私立でも公立でも自由に通う学校を選べる。授業料の支払い義務はない。親が本人を連れて校長先生に会い、その子がその学校に向いているかを話し合って、通うかどうかを決める。

先に紹介した『オランダの教育』によれば、たとえば「モンテッソーリ教育」や

「イエナプラン教育」では、年齢が3学年ほど異なる子どもたちが同じ教室で共に学ぶ。どの子も、年齢によって、他人を教え助ける立場になったり、逆に教えられ助けられたりする経験を重ねる。他にも「ダルトン教育」や「フレイネ教育」など、オルタナティブ（代替）教育が発展している。もう少し詳しく見よう。

モンテッソーリ教育では、教科書だけでなく手で触れながら文字や数や形を理解できる道具をたくさん教室に置いて利用する。

イエナプラン教育が重視するのは対話だ。先生も含め、クラス全員が輪になって話し合うサークルの時間が一日に何度も織り込まれている。教え合いや助け合いも盛んだ。

ダルトン教育では、子どもたちができるだけ小さいときから自立的に勉強できることを重視し、その日、その週、その月にやらなければならない課題を一人一人の生徒が先生と契約して学習を進める。

フレイネ（フレネ）教育でも、子どもたちは自分でつくった時間割に従って勉強する。協働することを教育の根幹に据え、校内の仕事や木工などの手仕事を取り入れている。作文も重視されていて、壁新聞や本づくり等が授業の中で行われている。

およそ9割の子どもたちが通う普通の学校でも、こうしたオルタナティブ教育の根底にある、教育スタイルが取り込まれている。子どもの個性を重視し、仲間と尊重し合いながら協働学習する。小学校の段階から、親切にする・一緒に遊ぶ・役割を実行する・自分を表現する・選択をする・経験を分かち合う・自分を守る・ケンカを処理する、といった社会的スキルを向上できる機会が指導の中で重視されている。

リヒテルズ直子によると、いじめはオランダの学校にも当然あるという。

「子どもが社会性を発達させていく途上で必ず起きる可能性のあることなのです。その意味で、いじめはなくすというよりも、いじめの実態を自覚できるようにすることで、人権意識を育てるとともに、いじめはしてはいけないことだと学ぶきっかけにしなければなりません」

オランダの小学校の先生に、いじめについて聞いてみると、ほぼ一様にこう答えるそうだ。

「いじめは親や教師に見えにくいところで広がるから厄介なんだ。いじめは早く発見し、できるだけそれを子どもたちみんなによく見えるように引き出して、子どもたち

と一緒に話し合い、子どもたちの意見を出させることだ」（『オランダの共生教育』平凡社）

詳しくは後述するが、オランダと比べて、日本はいじめが止まりにくい社会だという研究報告がある。リヒテルズは次のように語る。

「いじめは何か放っておいても止まるというものではなく、いじめが起きている（子ども）社会のすべての成員の責任意識にかかっています。いじめ問題は、その社会に属している人が、その社会で起きている不公正に対して、どれだけ責任を持って主体的に関われるかにかかっているということです。大人の問題でもあります。いじめ予防はオランダだけが優れているとは言い切れません。しかし、日本のやり方には市民社会という観点からのビジョンがないため、応急処置に追われているだけで、教育の専門者集団として、子ども達の成長をどこに設定していじめ対策をすべきなのかということが明確でなく、しかも大人の都合や、情緒的な対応に終始していると感じます。大切なのは、大人たち自身が自らの〝育ち〟に自覚的になり、市民として自身の自由と責任意識を持って自らの社会に関われるかにかかっています」

リヒテルズによれば、実はオランダも１９６０年代半ばまでは日本と同じように画一的な一斉授業がほとんどで、教科書が中心の授業内容だった。その後、保護者たちが多様な教育に関心を示し始め、受け身の授業スタイルから徐々に変わっていった。[※31]

子どもの発達障害にも詳しい精神科医の岡田尊司は、『なぜ日本の若者は自立できないのか』（小学館）で、オランダなどの教育について触れながら、次のように解説する。

「子どもの特性は多様で、その子が関心をもつ対象も異なれば、その子に適した教え方も違っている。日本ではそうした子どもの多様性よりも、同じことをすべての子どもが学ぶことが平等であるという意識が強かった。みんなが同じことをするのがよいことだと考え、極めて画一的な内容を、極めて画一的な方法で教えてきたのだ。ずっとそういう教育に慣れ親しんだ者には、それが当たり前のことにさえ思えるが、そうした教育を続けている国は、先進国の中ではむしろ特異なのである」

岡田は、「オランダの子どもたちと比べたとき、日本の子どもたちが何ともかわいそうだ」とまで指摘。日本の教育制度の改革を訴えた。

日本にも不登校児を対象にしたフリースクールはある。そして長野県佐久穂町には、私立の大日向小学校と大日向中学校というイエナプラン教育の学校もできた。

和歌山県で1992年に誕生した「きのくに子どもの村学園」のような学校もある。戦後はじめて学校法人として認可された自由な私立の学校で、学習指導要領を踏まえつつ創意工夫を加え、プロジェクト活動を中心に学校運営を進めている。ドキュメンタリー映画『夢みる小学校』では、同学園の「南アルプス子どもの村小学校・中学校」が丁寧に紹介されていた。

公立の学校でも、東京都世田谷区の桜丘中学校の校長を務めていた西郷孝彦のように、校則や定期テストを廃止するなど、校長の裁量によって、色々な学校運営スタイルが可能だということも少しずつ認識されてきている。

だが、これらは日本では「例外」でしかない。子どもたちや保護者たちは、選択肢がほとんどないまま途方に暮れる。画一的・競争的な教育から逃れ、その発達の特性からついて行けず、どんどん不登校が増えていく。その受け皿としても評価され、高校でも最近では通信制の高校「N高校」(沖縄県)や「S高校」(茨城県)などが、自分のペースで勉強できるなどとして人気を博している。

これまでの学校のスタイルでは、ストレスも多く、皆と同じようにできないと弾かれるため、子どもたちの間で自然といじめは増える。「自分はダメなんだ……」と思い込み、自死を選んでしまう子どもたちも少なくない。そんな状態を国は、いつまで放置しておくのだろうか。

ここで提案がある。各自治体にオランダのような多様な運営スタイルの公立学校を数校ずつ設置し、通える公立校の選択肢を増やすのはどうだろうか。

今の公立学校でも校長の裁量で自由な教育スタイルを取り入れられる。だがそれらは、ユニークな校長の異動や定年で消滅してしまいがちだ。半永久的に、オルタナティブな学校が各自治体にあれば、子どもたちや保護者たちは真剣にその選択肢も考えられる。もし新しいスタイルの学校の評判がよければ、普通の学校もそれらのやり方を取り入れ、日本の教育も全体的に大きく舵を切るきっかけになるかもしれない。

実は、そういった多様な教育スタイルに希望を見いだし、指導したいと思っている教員たちも少なくない。教員たちの精神疾患が増えている背景には、これまでの画一的・競争的な教育スタイルに共感できず、ついていけないと感じている彼らの存在もあるのではないか。多様な選択肢は、苦しむ教員たちを救う可能性がある。

大転換期を迎える日本の教育

日本の教育システムをざっくりと振り返ってみよう。東京大学教授（教育史・教育学）の小国善弘によると、戦後の教育は、「産業界にとっての人材をいかに供給するかに主眼を置いて」制度化されてきた。[※32]

高度成長後の低成長時代には、減量経営と一層の機械化が進展し、労務管理は強化され、「職場内いじめ」が横行した。その時期に、学校ではまず教員への管理が強化され、人権感覚を麻痺させられた教員たちが小さな違反をおこした子どもたちへの体罰を常態化した。小国は「子どもたちの自殺・校内暴力・いじめは、そのようななかでの異議申し立てだったといえるだろう」と述べている。

２０００年代以降の教育改革でも、教員への管理施策の強化を前提とし、子どもたちへの管理を強化する手法が登場していく。２０００年、職員会議が校長の諮問機関として位置づけられ、学校での指揮命令系統が明確化。２００２年度からは指導力不足教員への人事管理システムが導入された。

東京都教育委員会は２０００年度、能力と実績に応じた新たな人事考課制度を導入し、「新しい教員評価」が次第に全国的に実施されていく。こうした管理強化が、

２０００年代後半以降、子どもたちへの管理強化を促していったという。

第一次安倍内閣での「教育再生会議」では、「いじめと校内暴力を絶対に許さない学校」が目指され、学校規律の違反行為に対するペナルティの適用などで学校規律の維持を図ろうとする考え方が推し進められる。小さな逸脱まで取り締まられる、いわゆる「ゼロトレランス（寛容度ゼロ）」の発想だ。小国は、低学力の子や障害児など、競争に参加しない、またはできない子どもたちが学校から逸脱者として排除、あぶり出されていったのではないかと分析している。

本来であれば、彼らの逸脱や非行などは、彼らが受けている社会的不平等やストレスからのもので、保護したり、根本的な原因を取り除いていったりする発想が必要であるにもかかわらず、日本の教育は「多様性への寛容さ」が欠けているのではないかという問題提起だ。

私も日本でのいじめの背景には、こうした「排除」の論理が学校文化にあることが大いに関連していると思う。

ちなみに韓国ではいじめ加害者へのペナルティの厳罰化が決まった。２０２３年４月の政府発表によると、２０２６年度から、いじめ加害など校内暴力で重い処分を受けた高校生の記録を大学入試の選考に反映させることを義務づけるという。さらにその記録の保存期間を卒業後、これまでの2年間から4年間に延長することも決定したため、就職への影響も出そうだ。

生徒の10人に一人がいじめ被害に遭っているというフランスでも、ネットいじめによる自殺があり、厳罰化の動きがある。2023年9月から、学校内でのいじめが確定した加害者の生徒を、別の学校へ転校させることが可能になった。[※33]

日本ではいじめ被害者が転校・転居せざるを得ない状況も多い。いじめ被害を受けた家族へ、加害者側に慰謝料と転居費用を支払えと命じた京都地裁判決(2005年2月)のケースもあるが[※34]、日本でも韓国やフランスのような加害者への厳罰化が進むのだろうか。安易に決めず、じっくり考えてほしい。まだまだやるべきことはたくさんある。厳罰化による「いじめゼロ」は新たな抑圧を生まないだろうか。**目指すのは、子どもたちの育成によるいじめの減少。そして「いじめ見逃しゼロ」による「重大事態ゼロ」だ。**

生成AIの登場は教育を見直すチャンス

教育は時代と共に変わる。時代にあわせて変わらなければならない。日本の教育制度は、はっきり言って、先進国としては時代遅れだ。

良くも悪くも、これからの世の中は生成ＡＩ（人工知能）の登場によって大きく変わるだろう。それをもとに教育も変わらざるを得ない。

もちろん信じ切ってはいけない。日本総合研究所主席研究員の藻谷浩介も「人工知能は、意見の取りまとめの天才だが、情報の真偽の判定はできない」と述べる。つまり、現段階でネット上にある情報をもとにしたものだから中身が客観的で正しいとは限らない。たとえば仮にこの人工知能が中世にあれば、「地球は平面」と答えただろうと藻谷は分かりやすく解説する。[※35]そう考えれば、これからの学習では、第一に生成ＡＩが出す答えが本当に正しいのか見極めていく能力（リテラシー）が求められる。

東京大学教授の柳川範之によれば、「質問をする力」や「問いを立てる能力」こそが、生成ＡＩが発達した時代に必要とされる能力だという。[※36]ちょっと生成ＡＩを使ってみれば誰でも分かる。重要なのは、どんな質問をＡＩに投げかけるか、どのように掘り下げて問いかけをするかだ。

たしかに、意味のある問いを立てるためには、ある程度の知見や経験が必要だろう。だが、それ以上に求められるのは、それぞれの分野について関心を持ち好奇心を失わせないことだと柳川教授は言う。

今までは、「問い」はあるもので、それに沿って「どういう答えを導くか」が重視されてきたが、これからの知的作業の多くを占めてくるのは、「どういう問いを立てるか」「どこまで斬新な質問ができるか」「どこまで深掘りの質問ができるか」ということだ。

映画『夢みる小学校』では、「南アルプス子どもの村小学校・中学校」の卒業生たちについても触れられていた。プロジェクトを中心にあれだけ自由に学校生活を送ってきた子どもたちだけに、高校に進学してからも旺盛な好奇心を発揮して学習を進め、勉強に苦しむことはあまりないようだ。また、複数の卒業生をみてきた大学教授によれば、とにかく積極的で質問を多くできる、とのこと。まさに「問う力」が育まれていたのだろう。

生成ＡＩができた今こそ、改めて、根本から日本の教育を見直すチャンスだと思うのは私だけだろうか。日本の公教育では、どんどん管理が進み、教える量や項目も含め、タスクが増えるばかりだと現場の管理職たちは認める。「ビルド」されても「スクラップ」されないとの嘆き節をこれまでに何度、取材の中で教職員たちから聞いただろうか。

時代にあわせ学びを見直す。本当にその学習は必要なのか。学習よりも対話の時間を増やし、いじめ予防につながる授業を増やし、異年齢交流などで自己有用感を高めるような時間を増やす。そして、これまでの学校の総点検を行い、根本的な〝治療〟を検討すべきだ。今、日本の学校教育は、大きな岐路に立っている。

文献・資料

1 TBS『報道特集』「スマホ依存の子どもたち」2021年12月放送

2 ヴィクトリア・L・ダンクリー（著）川島隆太（監修）鹿田昌美（訳）『子どものデジタル脳 完全回復プログラム』飛鳥新社、2022

3 TBS『報道特集』「教員の〝ブラック勤務〟問題」2022年2月放送

4 広田照幸『教育改革のやめ方』岩波書店、2019

5 Lereya, S. T., Copeland, W. E., Costello, E. J., & Wolke, D. (2015). Adult mental health consequences of peer bullying and maltreatment in childhood: Two cohorts in two countries. *The Lancet Psychiatry,* 2 (6), 524-531.

6 Ryu Takizawa, Barbara Maughan, & Louise Arseneault.(2014). Adult health outcomes of childhood bullying victimization: evidence from a five-decade longitudinal British birth cohort. *American Journal of Psychiatry.*

7 『生徒指導リーフ9 いじめの未然防止Ⅱ』国立教育政策研究所 生徒指導・進路指導研究センター

8 『生徒指導リーフ18「自尊感情」？ それとも、「自己有用感」？』国立教育政策研究所 生徒指導・進路指導研究センター

9 『生徒指導リーフ8 いじめの未然防止Ⅰ』国立教育政策研究所 生徒指導・進路指導研究センター

10 柳生和男（編著・監訳）堤・ゲントナー・晴代（訳）松本浩之（著・監訳）『ドイツと日本 いじめ予防』学事出版、

2020
11 Thompson,F.& Smith,P.K.(2011).The Use and Effectiveness of Anti-Bullying Strategies in Schools. Department for Education.(82).
12 「第2回LGBT当事者の意識調査（ライフネット生命委託調査）」
13 『毎日新聞』2023年7月13日
14 「幸せに生きるために」『日本経済新聞』2023年1月12日
15 Joachim Hallmayer, MD; Sue Cleveland, BS; Andrea Torres, MA; et al.(2011).Genetic heritability and shared environmental factors among twin pairs with autism.
16 ダイオキシン・環境ホルモン対策国民会議「JEPAニュース」2023年6月号（Vol.141）
17 本間真二郎『自然に沿った子どもの暮らし・体・心のこと大全』大和書房、2018
18 子どもの権利条約NGOレポート連絡会議（編）『子どもの権利条約から見た日本の子ども』現代人文社、2011
19 国連 子どもの権利委員会「日本の第4回・第5回統合定期報告書に関する総括所見」（日本語訳：子どもの権利条約NGOレポート連絡会議）2019
20 大塚貢、西村修、鈴木昭平『給食で死ぬ!!』コスモ21、2012
21 アリス・ウォータース、ボブ・キャロウ、クリスティーナ・ミューラー（著）小野寺愛（訳）『スローフード宣言』海士の風、2022
22 TBS『報道特集』「ネオニコ系農薬　人への影響は」2021年11月放送
23 TBS『報道特集』「有機農業の未来は?」2022年9月放送

24 『毎日新聞』２０２３年６月８日
25 「幸せに生きるために」『日本経済新聞』２０２３年１月５日
26 『朝日新聞』２０２３年７月10日夕刊
27 ＴＢＳ『報道特集』「ブラック部活はなぜ続く？」２０２３年１月放送
28 『朝日新聞』２０２３年６月20日
29 『朝日新聞デジタル』２０２３年６月25日
30 日本弁護士連合会子どもの権利委員会『パンフレット　国連から見た日本の子どもの権利状況』２０２０年２月
31 リヒテルズ直子『世界一子どもが幸せな国に学ぶ愛をもって見守る子育て』カンゼン、２０１４
32 小国喜弘『戦後教育史』中央公論新社、２０２３
33 安部雅延〈フランス、いじめ厳罰化「加害者を転校させる」背景〉東洋経済オンライン、２０２３年９月５日
34 三坂彰彦、田中早苗（編著）佐藤香代、角南和子、浦川朋子（著）『Ｑ＆Ａ　子どものいじめ対策マニュアル』明石書店、２００７
35 『毎日新聞』２０２３年６月18日
36 『日本経済新聞』２０２３年７月11日

第3章

明日からできる

効果のある「いじめ予防」授業

いじめ予防のために何が必要か。第2章の最後には日本の教育制度そのものの抜本的な改革にまで言及した。

これまでの「画一・一斉・詰め込み・競争的な教育」から「多様・個別・創造・協働的な教育」へ。時代の変化と共に大きな制度の変化が求められていると感じる。

だが今そこにある「いじめ」を考えると、そんな大きな変化を待つ時間的な余裕はない。いじめ被害、重大事態は今日もどこかで発生している。被害者を今すぐ減らしていく方策となると、やはり重要なのは予防授業だ。第3章では、明日からできる、しかも効果がある学校での「いじめ予防」の実践を探ってみたい。

日本での予防授業については後述していくが、海外ではどんな取り組みがあるのだろうか。

ドイツの最新いじめ予防授業

ドイツでも近年は、難民や移民、離婚、失業、生活困窮などの難しい問題もあって、特に都市部ではいじめ（モビング）の問題もある。年間50万人の子どもがいじめられているという推計もある。だからこそ対策を真剣に練り始めている。先述の柳生和男は、ドイツの学校での最新のいじめ予防授業を見てきた。

ベルリンやハンブルクで広く知られるようになり、今やほとんどの小中学校で導入されているいじめ予防授業がある。元にしているのは、いかにいじめを起こさないようにするかという「アンチ・モビング・コッファー」という教材パッケージだ。「コッファー」とはドイツ語で、固いケースのこと。その中にマニュアルやDVDなどが入っている。大手保険会社TKと学校・教育局が共同でお金を出し合って2010年に開発した。すでにコッファーは、ドイツ全16州の小中学校に5万個、配布されている。社会と教育行政による共同の取り組みだ。

いじめはその後の心身への健康被害になりうる。それらは病院での診察や入院など、保険請求にもつながる。だからこそ、民間の大手保険会社が利益の2%を供出し、率先して行政に協力し、経済的損失を防ごうという取り組みを進めているのだ。行政側も、将来の医療費や生活保護費の抑制にも貢献する取り組みとして協力している。

もう少し詳しく箱の中身を見てみよう。いじめ防止のためのDVD、SNS絡みのいじめ防止のDVD、携帯できるカード式の手引き書、いじめ防止に関する指導書（プログラム）が梱包されている。これに沿って授業を行うことで、子どもたちはいじめを理解し、抵抗力を養い、積極的にいじめのない学校や教室をつくっていこうという態度を身につけられるという。

授業は学年始めに1週間、5日間×7時間かけて行われる想定だ。まさに「アンチ・モビング（反いじめ）週間」だが、必ずしも一斉に一度行われなくてもいい。だが、できるだけ連続して、学年の始まった早いうちに行うべきとされている。それが自分たちの学校やクラスの文化をつくっていくと考えられているからだ。※1

情報リテラシー教育の必要性

ドイツで使われるいじめ予防の「箱」（コッファー）には、SNS絡みのいじめ防止のDVDも入っていた。今は世界中で「ネットいじめ」も増えている。こうした事情を鑑みての授業も、必要性が高まっている。

情報教育学が専門の山形大学准教授の加納寛子は、サイバー犯罪やネットいじめ、フェイクニュースなどの情報社会に関する諸問題の解決を目指して研究を続けている。加納によると、「情報リテラシー」は何かを暗記したりスキルを習得したりすれば身につくものではなく、多様な情報を扱っていく中で長い年月をかけて培われる能力だ。

しかしながら今の学習指導要領の中では、情報を分析して咀嚼し、判断する力を養う情報リテラシーの教育がなされていないという。

従って「いじめ予防」対策として大切にすべきは、すべての国民が情報リテラシーを学び修める、「学修する」ことだと加納は言う。すべての人がネット上で発信するときには、思いつきで発信せず、きちんとデータを収集・分析し、論拠を示したうえで自分の意見を記述する。そうしたことが、かけ算の九九や四則演算のように当たり前になれば、ネットいじめが起きにくい土壌が培われると期待している。

ネットの使用時間を抑える重要性はすでに述べたが、加納は「小学校1年生から高校3年生まで、週3時間程度は、情報リテラシーを学ぶ必要がある」とも主張している。ちなみに情報リテラシーという広い括りなら、ジャーナリズムの意義や役割なども含めるべきだろう。

これから紹介する「いじめ予防」授業と並行して、どれだけ情報リテラシーの授業数を確保できるのか。公教育の見直しは、こうした観点からも行ってほしい。

なぜ広まらない？　世界トップクラスの予防策

東京都足立区立辰沼小学校でのいじめ予防策、「ＴＫＲ」を聞いたことがあるだろうか。ＴＫＲは「辰沼キッズレスキュー隊」の略で、２０１２年、当時の校長、仲野繁が子どもたちと始めたものだ。

きっかけは「いじめ防止対策推進法」の成立にもつながった２０１１年の大津・中２いじめ自死事件だった。

実は、仲野も子どもの頃、「亀」と呼ばれるなど、２年間にわたってひどいいじめに遭っていた。その後、教員になり校長になった仲野は、ある日、大津のいじめ自死事件について生徒会の子どもたちに聞いた。

「君たちはどう思う？　どうしたい？　どうすればいいかな？」

すると子どもたちからアイデアが挙がった。休み時間に校内パトロールをして、いじめ防止を呼びかけよう。子どもたちは自ら行動を起こして、「いじめが起きにくい学校」づくりに乗り出すことにした。

仲野は言う。

「どうやったらいじめがなくなるかなと子どもに問いかけて、子どもたちが主役の取り組みにすれば、そんなに難しくはないんです。だって子どもの願いに沿ってやるだけですから」

休み時間になると校内に鉢巻きをした子どもたちの声が響く。

「いじめをしない、させない、許さない！」

全校生徒の半数以上がTKRのメンバーになりたいと手を挙げ、交代で「パトロール」をし始めた。パトロールでは、「いじめをなくそう！」などと書かれたのぼりを先頭の子が持ち、着ぐるみのタッピーも同行する。さながら大名行列のような明るさがある。「絶対許さない！」と吊し上げるような、正義が暴走する予感もしない。

「パトロールじゃなくてもいいんです。要するに可視化することが大事なんです。他にも〝辰沼しぐさ〟と呼ばれる3種類の行動が奨励されています。一つは、〝仲良ししぐさ〟。泣いている人がいたら慰める。一人で寂しそうにしている子がいたら遊ぼうと誘う。もう一つは、〝手伝いしぐさ〟。重いものを持っている人がいたら手伝う。転んでいる人がいたら助ける。そして〝挨拶しぐさ〟です。一人ぼっちじゃない、誰かが支えてくれるよ、という空気感を学校全体につくり出すのです」

重要なのは、「いじめに反対する子どもたち」がどれだけ多いのかを目に見える形

でまわりに示し続けることだという。多数の子どもが「いじめ反対」なら、いじめはやりにくく、いじめがあっても子どもたちが傍観者にならずに済む。「脱・傍観者」としての行動がしやすくなる。

いじめが起これば、周辺には遠巻きに傍観者が大勢いるのが通常の構図だが、TKRの活動を続けると、「傍観者にならないようにする空気」をつくり出す。分かっていても、実行は難しいのが「脱・傍観者」だが、多くの児童が主体的に行動することで「加害者を生まない学校環境づくり」ができるという。

国内外のいじめ対策に詳しい教育評論家の尾木直樹は、「辰沼小の実践は、世界のトップクラスだ」と高く評価している。「信頼感に満ちた人間関係が溢れる学校づくり。その主役は子どもたちです」と話した。

当時、法政大学の尾木ゼミの調査によると、辰沼小の子どもたちは、他者の痛みを感じるアンテナが高く、いじめ発生率も低いことが分かった。

2014年、まだ「いじめ防止対策推進法」の理解が進んでいない頃に、「一週間クラスの誰からも口をきいてもらっていない」状況を「いじめというか」聞いたところ、一般の中学生(関東地方の1894名)では「いじめだ」と答えたのは全体の6

割だったが、辰沼小（５・６年生１３０名）では８割が「いじめだ」と答えた。

ＴＫＲは２０１８年、文部科学省の『いじめ対策に係る事例集』でも、見本の一つとして取り上げられ、メディアに何度も登場した。

ところが、仲野の手がけた予防活動は、他の学校や自治体にはなかなか広まらなかった。その理由を、仲野は次のように解決する。

「いじめ予防とかいじめ防止というのは評価されにくいのです。やはり学校の目的は勉強や学習です。だから私は手段として、〝学力に打ち込むためのいじめ防止〟をやっているのですが、なかなか理解されない。皆さん、評価されるものには取り組んでも、評価されないものは取り組まない。だから広まらないのです」

また、辰沼小の活動の中心は「課外活動」ということもある。子ども主体とはいえ教職員の負担が増すのではないかという誤解もあったと振り返る。

「**本当は、子どもたちの力を借りれば、その分、いじめは減る。先生がとても楽になる。働き方改革を実現するためにも子ども主体の取り組みによって、いじめを減らす。一石二鳥なんですけどね**」

実際、ＴＫＲの活動を始める前は、いじめがこじれた末に保護者も巻き込むような事案が毎年のように発生し、「辞めたい」と漏らす教員が複数いた。だが、ＴＫＲが始まると、学校全体のいじめ認知力も高まり（認知件数は増加）、重大事態になるようないじめの予防に成功。職場環境もよくなったという。

仲野は、定年退職後、いじめ被害者だった刀根麻理子と、一般社団法人「ヒューマンラブエイド」を設立、いじめ予防・対策の活動を続けている。

北欧発の予防授業をやってみる

いじめ予防をＴＫＲのような「課外活動」ではなく、「授業」としてきちんと位置づけるにはどうしたらいいのだろう。ノルウェーやフィンランドなど北欧の「いじめ対策先進国」は、傍観者へ働きかける授業を重ねることで、効果を出している。

中でもノルウェーの研究者、ダン・オルヴェウスが始めたプログラムは有名で、実践した学校では、いじめ被害が2〜6割減ったという。

フィンランドでは、月1回のペースで年10回の授業があり、映画やロールプレイを見て話し合ったり、ゲーム感覚でとるべき行動を考えたりと、主体的に試行錯誤をしながら学べるプログラムがある。

そして今、日本でも、北欧の先進国を見習って、ようやく本格的な「いじめ予防授業」が始まりつつある。

２０１７年、足立区六木小学校の４年生に向けた３回連続の予防授業を取材した。授業を進行したのは、養護教諭の東真理子。東は、東京大学教授（精神科医）の佐々木司による「学校精神保健プロジェクト」[※2]の学習会に度々参加し、３回の授業で１セットの「いじめ予防」授業を開発してきたメンバーだ。

佐々木らは、「いじめも心の健康問題に直結している」として、養護教諭が学級担任らと連携・協力した形での授業を広げたいと考えていた。参考にしたのは、北欧発の「オルヴェウスいじめ対策プログラム」だった。

１時間目、早速、東が子どもたちに切り出した。「いじめを受けたら、心や体にどんなことが起こりますか？」。子どもたちから手が挙がった。「ストレス。寝られなくなる」。東は「そうだね。心と体の両方に症状が出ます。心と体はつながっています」と返す。この日の授業で確認したのは、「他の人をいじめません！」ということ。言い古された感のある原則だが、被害者の心身への悪影響を具体的にイメージできたことで、子どもたちは重みを持って捉えられたようだ。

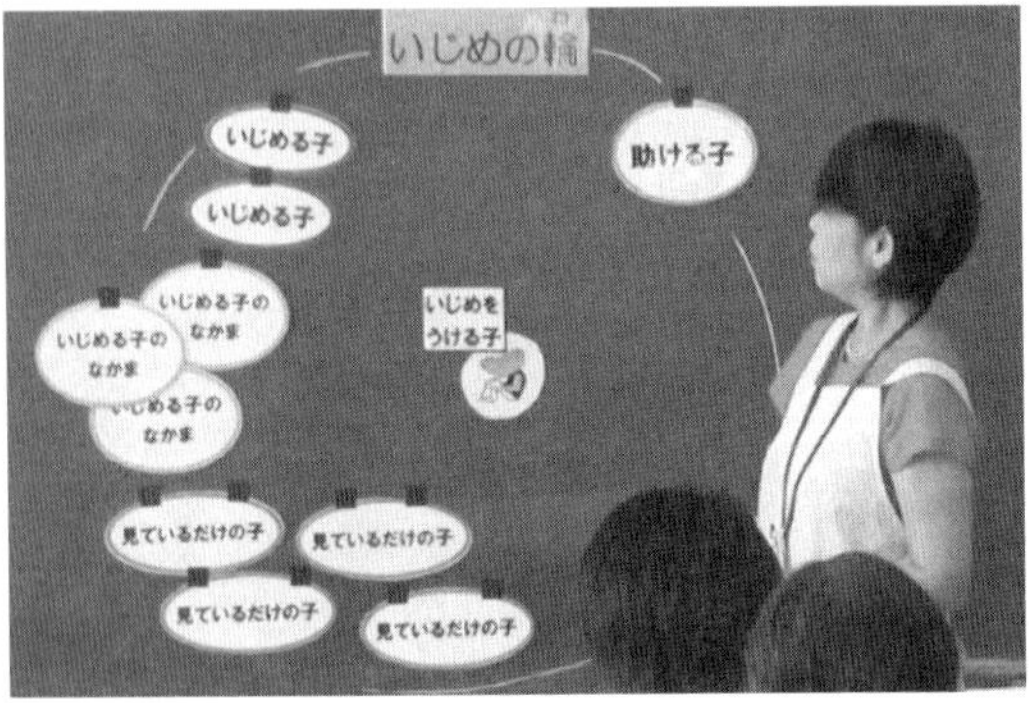

「見ているだけの子（傍観者）」を裏返すと「助ける子」に

2時間目は、いじめをどう予防するのかを考えた。黒板に示されたのは「いじめの輪」。加害者の周りに、はやし立てる仲間、その周りに見ているだけの傍観者が大勢いることを、マグネットを貼りながら束が説明する。

「いじめられている子がいるって分かっているのに、なぜ見ているだけの子が多いのでしょうか？」

子どもたちが答える。「怖いから」「助けると犠牲になる」「〝邪魔すんなよ〟って見ているだけの人もいじめられる」「口で〝やめろよ〟とか言っても、いじめる子の方が多いから助けるとやられちゃうんじゃない？」。

続きはロールプレイで考えることに。ボールを投げて遊んでいる子どもたちのところに被害

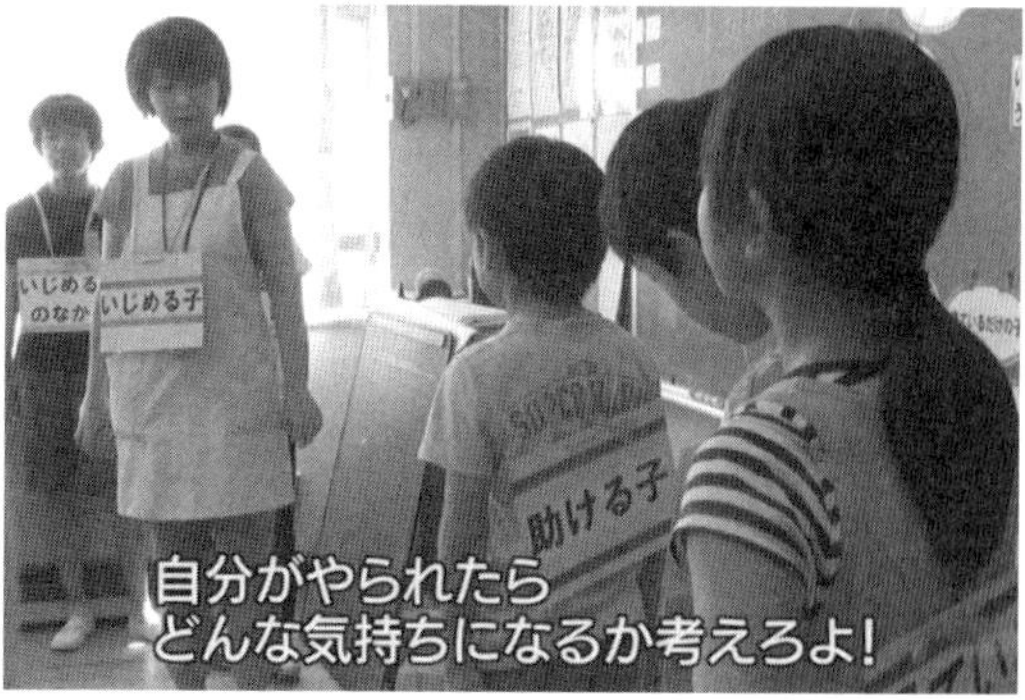

ロールプレイで考える(『ザ・フォーカス〜いじめ予防〜』より)

者役のA君（学級担任が担当）が来る。「一緒に遊びたいな。入れて」。すると東扮する加害者役が発言する。「えーやだよ。A君は下手だし、つまらなくなるから。なー」。台詞に従って、子どもたちも傍観者を演じる。「そうだよ。あっち行って！」。

こんないじめにどう対応するか。東は、子どもたちに聞いてみた。

「やっぱり助けたいって思わない？　さぁ、四年二組の台詞を考えてほしいと思います。どう？」

子どもたちから次々と提案が出る。「いじめをしても何が楽しいんだよ」「かわいそうだからやめなよ」「自分がやられたらどんな気持ちになるのか考えてみろよ！」。

それでも東は心配そうな表情を崩さない。その台詞を入れて、もう一度、ロールプレイが始まる。再び演じると、子どもたちに問いかけた。

「勇気を出して止めてくれたけど、実際にいじめる子や、その仲間も多くいて、そこに一人で行って〝やめなよ！〟なんて言える？」

「言える」という子もいるが、首を振っている子どもたちも大勢いる。ここで東は、黒板の「いじめの輪」の構図に戻った。「こうならどう？　言える？　言いやすくなる？」。

マグネットで貼ってあった「傍観者」たちが、裏に隠れていた「助ける子」に次々とひっくり返って変わっていく。まるでオセロゲームの黒が一気に白に変わっていくような爽快さだ。そんな様子を示しながら、東は説明を加えた。

「やっぱり、どうしても、助ける子が少ないと、なかなか、いじめがなくなりません。だから、〝傍観者〟の多くが〝助ける子〟に変われば、〝いじめの輪〟が〝いじめをしない輪〟に変わっていくのです」

最後に全員で2日目の授業の要点を確認した。「いじめられている人を助けます！一人ぼっちの人を仲間に入れます！」。見えてきたのは、傍観者が変わることの大切さだった。

そして最終日、3時間目の授業では、「助ける」以外にも、できることがあると伝えた。

「もし誰かがいじめられていたら、先生もしくは家の大人に話します！　先生に『言いつける』とか『告げ口する』『チクる』とかって悪いことのように言う人もいるけど、この行動は『相談する』とか『他人に話す』という重要なこと。自分たちで解決できないから大人に相談する。これは素晴らしい行動です」

3時間にわたる「いじめ予防」授業はこうして終わった。授業の度に、一番大事にしてほしい4つのキーフレーズを「ミッション」として黒板に貼り付け、皆で読み上げる光景が印象的だった。
①「他の人をいじめません！」、②「いじめられている人を助けます！」、③「一人ぼっちの人を仲間に入れます！」、④「もし誰かがいじめられていれば、先生か家の大人に話します！」。
このいじめ予防授業は、3時間。たったの3時間だ。「総合学習」や「道徳」「保健指導」など、年間に割り当てられた授業をうまくやりくりすれば十分に確保できる。

先に紹介したドイツの予防授業は、学年の始めに1週間ぶっ続けで、5日間×7時間かけて行われる想定だった。それでも、こうした予防授業が、子どもたちの幸せにつながり、将来の社会的なリスクも低減させる。そう信じて、授業時間が確保されている。

日本でも、そのように国が判断すれば、いじめ予防授業の充実は、すぐに実現可能だ。繰り返すがテストで測れるような「学び」は、この先、大きく時代の変化にあわせて内容が問われ、変わっていく。テスト対策に時間をかけるのではなく、どうすれば最適解にたどり着けるのか、どうすれば課題解決につながるのかなどの「学び方」「生き方」に重点を置き、授業の時間配分も見直されるべきだ。基本的には知識・スキルの詰め込み系は、シェイプアップしたい。その一方で、いじめ予防の様々な取り組みを含め、テストで測れないような非認知能力や共に生きる志向性を育む機会は、もっと充実させなければならない[※3]。

いじめ予防の授業は、これまでにもたしかに全国で行われている。だが、教科書を読んで終わり、というものも少なくない。少ない時間でもいかに効果的な授業にするのか。国や自治体は様々なサンプル事例を各校に紹介してはいるが、どのような予防授業がより実効性があるのかを検証し、それを広めていくべきだ。

フィンランド発「キヴァ」を参考にした授業

東京都世田谷区も、２０１８年度から北欧の予防授業の導入を検討していた。区教委の当時の担当者によると、「傍観者への視点が不十分だと感じていたから」だった。そこで声をかけたのは、何度もフィンランドを訪れていた大阪教育大学教授の戸田有一だった。戸田は、効果があるとして広まっている「キヴァ（ＫｉＶａ）」プログラムにも精通し、日本への本格導入を模索していた。

フィンランドで２００６年頃に開発された「キヴァ」は、今やフィンランドではほとんどの普通科学校に取り入れられている。キヴァでは、被害に遭っている仲間を助ける自己効力感と、そのような行動によって肯定的な結果がもたらされるという期待を高めることを目標としている。

コンピューター上でゲームのように行うソフトもある。小学生向けの「キヴァ・コンピューターゲーム」には、「私は知っている」「私はできる」「私はやる」の３段階がある。

キヴァを行った学校では、いじめ被害の自己報告で30％、いじめ加害の自己報告で17％の減少が示された。効果的な授業はあるのだ。[※4]

では、キヴァの発想を取り入れ、どんな授業が展開できるのか。世田谷区教委や校長・教員ら九人が参加した検討会を取材することができた。まずプロジェクトメンバーに戸田が簡単な講義を行った。

「風邪にたとえると、誰も風邪をひかない学校をつくるのは無理です。いじめっぽいことは人間集団では起きます。けれども風邪が肺炎になり、通院して入院して、命にかかわることがあってはいけない」

戸田が目指したのは「いじめ免疫プログラム」の構築だった。「名人芸」のような実践では普及に限界があり、どの教員でもどの学校でも参考になるプログラムを開発しようとした。「免疫」という名称は、どこにでもあるような「いじめの芽」への子どもたち自身の抵抗力による対処を期待して名づけた。

いじめの痛みや後悔を知る子どもたちが、その思いをいじめへの免疫とし、目の前のいじめに仲裁者として介入するという、まさに観衆や傍観者から仲裁者への変容を願ったもの。ポイントは「いじめの芽」を見つけ大きくしないこと。そして、やはり

「傍観者への働きかけ」だった。戸田はこう力を込めた。

「いじめっ子は決して傍若無人ではない。周りの受け止め、評判を気にしています。『ここでやったら、オレ浮くな』って、加害側が思ったら、やらないんですよ」

検討会での議論と並行して、区内の小学校では、4年生へのモデル授業も行われた。教壇に立ったのは、橋本ひろみだった。橋本が子どもたちに優しい声で問いかける。

「イヤだと感じることは一人一人違うって分かってきたかな？　相手が『イヤ』って傷つくことは『いじめ』だよ」

まずは被害者の気持ちを具体的にイメージすることを目指す。そして……。

「じゃあ、いじめている人に、どう言うことができるかな？　一人一人、イヤって感じることは違うから、いじめって、もしかしてやっている人も気付いていないのかもしれないよ。だから、『あなたのって、いじめになってるよ』って注意してあげる。教えてあげられるといいね」

しかし、いざ実行するとなると、逆ギレされるのではないかなど、加害者のことが怖くなってしまうのが子どもたちの正直な気持ちだ。だからこそ意識してほしいことがあると橋本は付け加えた。

「早めに言ったほうがいいってことだね。注意するタイミング。アレッて思ったときに早めに注意したり、気付いてあげたり、先生や大人に言ったり、相談する」

橋本は、わざとゆっくりと疑問形の形で語りかけ、子どもたちからの言葉を導き出していく。ときには「どうする？」「どうする？」と穏やかながらも重ねて子どもたちに問いかける。子どもたちと橋本の普段の信頼関係があるから、橋本に何とか応えようと子どもたちの顔も真剣だ。自分ならどう行動するか、具体的に考えられる授業になった。

放課後、子どもたちがいじめについて議論しながら靴箱に向かう様子を見て、橋本も予防授業の手ごたえを感じられたという。授業で主体的に考える機会を持つことで、当たり前であっても、「自分は傍観者にならない」という意識づけができたようだ。

戸田らが開発した「いじめ免疫プログラム」は、三つのセッション、「見つける」「止める」「フォローする」からなる。橋本の授業は、「いじめって何？」を考えながら行われた「見つける」セッションだった。いじめの初期段階において、そこかしこに見られる「いじめの芽」をどう見つけ、認知し、深刻化を防止するか。その最初の段階として、子どもたちと、いじめの芽といじめの境界線を議論することに意味があるという。

ふざけといじめの違い、ケンカといじめの違い、などを議論すると、子どもたちは、これらの境界が曖昧なゆえに、いつの間にかいじめてしまっている危険性があることに気付く。だからこそ、いじめかどうか分からない芽の段階で、対処を始める必要性があると分かる。

二つ目の「止める」のセッションでは、「自分たちにできることは何か」を考えていく。傍観者や観衆から仲裁者への転換だ。一人で止めようとするのはかなりの勇気が必要で、かつ次のターゲットになってしまう危険性もはらむ。そこで大事なのは「みんなでエスカレートする前に止める」ことだと伝える。

三つ目のセッション、「フォローする」では、いじめへの介入後、いかに被害者の仕返しや加害者の陰湿化を防ぐか。加害者が逆に被害者になることも防ぐためのフォローも目指す。「目には目を。歯には歯を」とは真逆の、修復的対応を目指す。お互いのよいところや多様性を認めるような活動を通して、子ども同士のつながりを深め、「どんなクラスにしたいか」を考えていく。

戸田が何度も上京しながら区教委のメンバーや教員らと開発した「いじめ免疫プロ

グラム」は、2019年、世田谷区教育委員会からすべての小学校に『「いじめを予防するための授業の工夫」教員用リーフレット』として配布された。今年度（2023年度）は、中学校版のリーフレットの作成にも動き始めている。[※5]

あえて8ページと読みやすいサイズに短くした小学校向けのリーフレットには授業のポイントや事例が載っているが、具体的なマニュアル化は避けた。戸田が目指したのは、「骨組み」の提示であり、教員たちの工夫次第で、さらにバージョンアップや多様化が可能だ。

〝純潔主義〟に訴えるだけの道徳を超えて

実際、教員の中には、スウェーデンのNPO法人「Friends」が制作した1分ほどの動画を子どもたちが視聴して、話し合うような授業を実践するなどの工夫が見られた。

授業での話し合いで、子どもたちも、自らの言葉を次々と紡ぎ出していった。私が聞いた中でも印象的だったのは、小学4年生の「いじめられっ子の味方になることは、いじめっ子のテキ（敵）になることではない」との発言だった。いじめ加害者を皆で責めると新たな別のいじめにつながる可能性があるから気をつけようということで、理解の深さを感じられた。

世田谷区でもいじめの認知件数は増加傾向にある。ただ重大事態の件数は「ごく少数」に抑えられている。区教委は「リーフレットを活用した年3回の予防授業で、いじめの芽を早い段階で摘み、深刻化を防ごうとする意識が高まっていることが要因の一つ」だとみている。

どの先生にも、どの学校でも真似できる、こうしたリーフレットが全国にも広がってほしい。実際、世田谷区教委には、他の自治体からの問い合わせもあり、リーフレットもホームページで公開している。※5

全国での「いじめ予防授業」の状況はどうなのか。もちろん一般的な道徳の教科書を読めば、必ず「いじめ」に関するテーマは掲載されている。だが、その多くは、「いじめはいけないよね」と〝純潔主義〟に訴えるだけにとどまっている。

最低限、世田谷区のリーフレットにもその要素があるような「見つける」「止める」「フォローする」の3セッションは行ってほしい。いじめの被害の深刻さや後遺症について触れたうえで、「いじめの構造」や予防について考える機会を子どもたちには与えてほしい。純潔主義に頼るだけでは、こうした視点に欠けてしまう。

最新の教科書（たとえば小学6年生）にも、いじめの構造をきちんと子どもたちに考えさせられる良質の教材が掲載されたものもある。スウェーデンの作家、レイフ・クリスチャンソンによる絵本『わたしのせいじゃない』（岩崎書店）を取り入れたものだ。教室で泣く男の子をめぐって、周囲の子どもたちが「わたしのせいじゃない」と自分を正当化する。加害者や傍観者が登場する。どうすれば解決に向かうのか、子どもたちと一緒に考えるよい機会になるだろう。

最後は「市民性教育」につきる

金沢市教育委員会が市内の小学生から高校生までの約3万5000人を対象に2016年に行ったアンケート調査がある。その中で「いじめられる被害者にも悪いところがあると思うか？」聞いたところ、「思う」と答えた小学生は全体の29・1％、中学生では35・5％に上った。まだいじめ防止対策推進法が施行されて3年後でもあり、小中学生のおよそ3割が「被害者にも悪いところがある」と考えていた。不潔だから。クラスでも浮いているから。先生にも嫌われているから、あの子はいじめられても仕方がない。こんな考えがベースにあるようでは、なかなかいじめは減らない。

金沢市教委は、その後も同じ項目での経年調査を行っているが、「いじめ被害者の保護者の思い等を考慮して」（生徒指導支援室）、数字は公表していない。減少傾向にあるが「一定数はまだいる」という。

いじめが止まりにくい社会

森田洋司が「いじめの四層構造モデル」で力学を説明した通り、いじめがどの生徒に、どれだけ長く続き、どれほど陰湿に苦しめ、またどこまでエスカレートするかは、被害側の子と加害側の子だけではなく、周りの子たちの反作用によって決まる。

傍観者が多く、止めに入る仲裁者が現れなければ、いじめはエスカレートする。いじめが行われていても仕方がない。そう思う人が多ければ多いほど、いじめは止まらなくなる。

では、他の国と比べるとどうなのか。森田らの調査によると、イギリスやオランダと比較しても、日本はいじめが止まりにくい社会だという。

森田の『いじめの国際比較研究』（金子書房）や『いじめとは何か』（中公新書）に

図9　仲裁者の出現比率の推移
（森田洋司『いじめとは何か』をもとに作成）

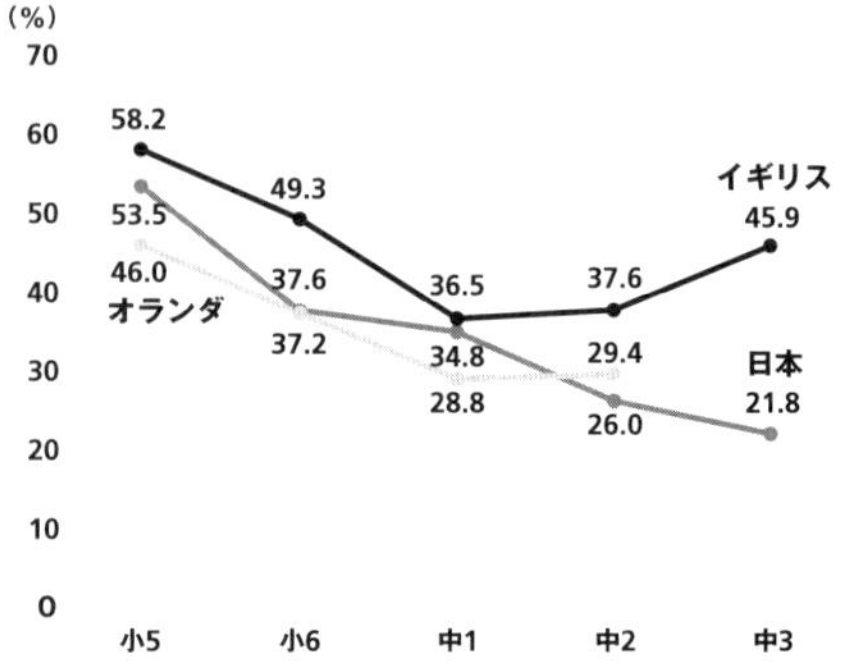

あるように、日本の子どもは、イギリスやオランダと比べて、高学年になるほどいじめ仲裁者の出現比率は減り、傍観者は増え続ける（図9、10参照）。

森田に言わせると、日本社会は、いじめには当たらず障らず、火中の栗は拾わず、自分の身を安全に守る社会だ。みんな自分を守ることに必死で、仲裁者や支えてくれる仲間がいない。だからいじめられている子どもたちは誰にも相談できず、親にすら相談できない、あるいはしない子たちが多い。

森田は欧米の著名ないじめ研究者たちに聞いたことがある。いじめ対応として、どのような教育をしているのか。またその目標は何か。すると彼らは「詰まるところは市民性

図10　傍観者の出現比率の推移
（森田洋司『いじめとは何か』をもとに作成）

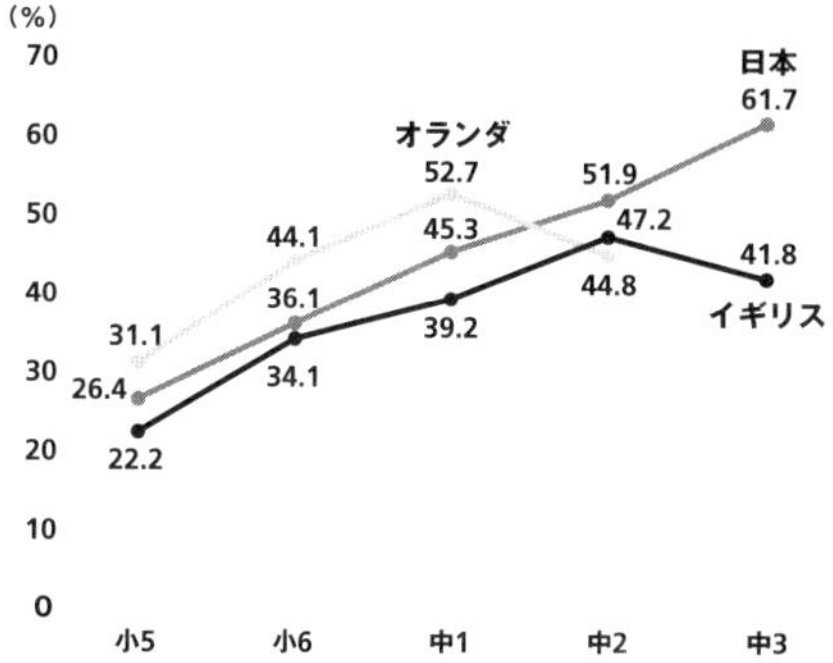

（シティズンシップ）教育だ」と答えたという。森田はそこでこう考えた。「いじめは日常の生活世界で起きている。したがって、いじめに歯止めをかけるには、抑止力を日常的に埋め込んで自浄作用を図ることが不可欠であり、それを市民教育に委ねているのだ[※6]」と。

森田が欧米各国のシティズンシップ教育を調べたところ、共通した要素があった。シティズンシップ教育も、日本の学校の中では足りていない。森田は日本のいじめ対策に、大きな宿題を突きつけたのだ。市民性（シティズンシップ）教育の狙いを、森田は『いじめとは何か』でこう一息にまとめている。

①国家、国家間に形成される共同体、地

域社会において、②児童生徒を、現在も、将来においても、社会を構成する成員として、③法的にも政治的にも位置づけ、④自ら、あるいは他者に対しても、基本的人権を有する主体としての自覚と行動の仕方を育み、⑤社会を維持し、発展させ、人々の安寧と福利を向上させる「公共善」を図り、⑥自らの幸福と自己実現を図りつつ、⑦社会のなかで生きていくために必要な資質と能力、価値、スキルなどの「社会的なリテラシー」を培い、⑧公共性の充実を図るための公的な制度や仕組みづくり、あるいは活動に自発的に関わっていく主体の確立を目指す。

2019年の講演では、次のようにも説明していた。

「シティズンシップ教育の目標は、公共善の実現を目指して、社会を担う主体的行動力の育成です。一人一人が社会の一員として参画しながら、どのように自己実現を図り、生きやすい生活を送るか。社会や人々が抱える様々な課題にどう向き合い、協力し合って、より暮らしやすく活力ある社会づくりに取り組めるかを問うものです。自分の大切さと共に、他人の大切さを認めることのできる人格を育成し、それが社会や集団の一員として様々な場面で具体的な態度や行動に現れる力を育成すること」

オランダではシティズンシップを、①「個人の責任」、②「社会参加」、③「社会的正義」の3カテゴリーに分類して捉え、2000年頃から初等・中等教育で義務化しているという。※7

リヒテルズ直子と熊本大学准教授の苫野一徳の共著『公教育で社会をつくる』（日本評論社）によると、オランダのシティズンシップ教育では、一人一人が「正しいことは何だろうか」と自ら考える姿勢をもって社会に能動的にかかわることを学ぶ。国は全学校に次の7項目を義務づけている。

①表現の自由、②平等、③他者への理解、④寛容、⑤自律（自分の生き方は自分で決める）、⑥不寛容の拒絶、⑦差別の根絶。特に最後の⑥と⑦は、世の中で起きている不条理な行為に対して、積極的に拒絶する態度を求めているという。

オランダのシティズンシップ教育では、自治によるルールづくりやコンフリクト（対立）への向き合い方を通して、経験的に学ぶ。自分の意思を表現することや、いじめを容認しないこともシティズンシップの大切な要素だとリヒテルズは解説。いじめはできるだけ早く子どもたちにオープンにし、解決の責任を子どもたちに与え、いじめが起きている社会に属している子どもたち自身が、当事者として責任を持つ態度を養うようにするのだという。

やるべきことは、まだまだたくさんありそうだ。他にも人生の土台となる幼児教育も考えていきたいのだが、紙面も尽きてきた。

ここまで述べてきたように、日本のいじめ予防対策は不十分だ。私たちも、改革となると、「いじめ防止対策推進法」の改正だけに目が行きがちだが、たしかに法の実効性を高める必要はあるものの、それだけの矮小な議論で終わりにしないよう、気をつけなければならない。

子どもたちの現状はどうか。スマホへの対応を含め、家庭でできることはもっとある。先生たちの状況はどうか。ブラック勤務やブラック部活は、このまま放置していいのか。これまでの道徳教育で十分なのか。カリキュラムを見直し、いじめ予防やネットマナー、民主主義についても深く考え、行動できる子どもたちの育成を目指す、年間を通した「シティズンシップ教育」の常設を最後に提案したい。

いじめ対策は、もっと総合的に、それこそ「社会総がかり」で検証して練り直し、取り組んでいかなければならない。このままでは、子どもたちの精神的幸福度の向上